02/2004

Pertence. belongs to
Júlia

ÉTICA NA COMUNICAÇÃO

Da mesma autora (organizadora):

Vitimologia - Enfoque Interdisciplinar (1994)
International Debates on Victmology (1994 - Publicado na Alemanha)
Vitimologia em Debate (1993)
Vozes do Cárcere (1987)
A Lei pelo Avesso (1987)
A-ventura do Sentir (1987 - poesias)
Anatomia do Código Penal - Parte Geral (1986)
Anatomia do Código Penal - Parte Especial (1986)
Imagens do Cárcere (1985)
Adultério (1983)

ÉTICA NA COMUNICAÇÃO

Alessandro Baratta

Chaim Sammuel Katz

Emmanuel Carneiro Leão

Ester Kosovski (coordenadora)

Fabio Lacombe

Francisco Antonio Doria

José Amaral Argolo

Muniz Sodré de Araújo Cabral

William Batista

MAUAD

Direitos desta edição reservados à
MAUAD Consultoria e Planejamento Editorial Ltda.
Avenida Treze de Maio, 13, grupo 507 a 509 - Centro
CEP 20031-000 - Rio de Janeiro - RJ
Tel. (021)5322310 e telefax (021)2204451

Capa: Marcia Ponce de Leon
Projeto Gráfico Miolo: Leila Maria B. Fernandes
Revisão: Lúcia Beatriz da Silva Alves

CIP - Brasil. Catalogação-na-fonte
Sindicato Nacional dos Editores de Livros, RJ.

EB5

Ética na Comunicação / organizadora, Ester Kosovski: Alessandro Baratta... [et al] – Rio de Janeiro: Mauad, 1995

ISBN 85-85756-12-8

Inclui bibliografia

1. Ética 2. Comunicação 3. Kosovski, Ester

CDD - 170
95-1792. CDU - 17

27.09.95 02.09.95 000805

"O apelo de originalidade, que nos trazem a criação, o universal e a diferença, interessa à ética de nossos encontros e desencontros nos empenhos de ser e realizar tanto o que temos e não somos, como o que somos e não temos."

Emmanuel Carneiro Leão
in "Ética e Comunicação"

Índice

Apresentação

Por que a ética tem sido um tema tão trabalhado e debatido na atualidade?

É sintomática a necessidade de se retornar a esta temática exponencial da filosofia e das religiões. Basta lembrar Aristóteles e sua "Ética a Nicômano" e todos os pensadores que o sucederam. A identificação da ética com o bem, a virtude, a paixão construtiva e a felicidade nos dão a medida da sua valorização. Da Ética dos Pais (Pirquei Avoth) do judaísmo vem a definição: "Ética é a filosofia dos valores humanos" - valores esses considerados como o Bem, que enseja a plena realização do ser humano. Este Bem é representado pela sabedoria, saúde, meios materiais, respeito e admiração que possa merecer dos seus semelhantes.

Diz-se que atravessamos uma "crise" de valores morais que se reflete na falta de respeito às leis e na carência de credibilidade de quem detém o poder; daí, a necessidade de voltar-se para os princípios éticos (com mais permanência do que a moral cambiante) na esperança de poder redefinir valores que sejam aceitos, sirvam de respaldo, propiciem harmonia na convivência de indivíduos e grupos em tempo de transitoriedade e mudança.

Em época de liberdade de imprensa, devem ser repensados limites que possam evitar ou minorar conflitos e injustiças e que podem ser fornecidos por princípios éticos conciliadores de direitos e deveres inerentes à cidadania.

Estaremos aptos a usufruir de um bem tão desejado, que é a liberdade de pensar, e manifestar publicamente este pensamento, sem sanções?

Em uma democracia, os limites são estabelecidos após debate e, se possível, por consenso e, portanto, todas as reflexões são bem-vindas.

A presente coletânea abrange autores de diferentes linhas de pensamento e formação, com abordagens diversas, unidas pelo fio condutor da análise interdisciplinar que a comunicação enseja.

Há trabalhos com enfoque filosófico, psicanalítico, sociológico, histórico, jurídico e político, que formam o caleidoscópio de idéias e estilos com referência à ética, que, certamente, contribuirá para aguçar as conclusões pessoais de cada fruidor dos textos apresentados.

Alessandro Baratta, em "Ética e Pós-Modernidade", define a pós-modernidade não como cultura, mas como uma atitude. "Nasce-se moderno. Torna-se pós-moderno", nos diz e desenvolve o seu raciocínio diferenciando a ética moderna dentro da ontologia moderna, fundamentando os seus argumentos em Grotius, Kant, Hegel, Spinoza Hume, Marx e outros que considera pais da ética moderna.

Em "Comunicação - Conjunção e Disjunção", Chaim Samuel Katz começa dizendo que "quando se fala em comunicação, a primeira idéia, genérica e errônea, é de que se trata de um significante mestre, que abriria as portas para pensar todas as possibilidades do humano". Aborda a comunicação em seus múltiplos aspectos, desde Lévi-Strauss, com as estruturas de parentesco, até Freud, passando por Heráclito, Blanchot, Popper, Leibnitz, Deleuze, Lacan, Safouan e outros autores, com um subjacente envolvimento da ética unindo e harmonizando diferentes saberes.

"Ética e Comunicação" é o texto de Emmanuel Carneiro Leão, no qual, considerando "a ideologia uma prisão abstrata", vê a "Ética como uma luta obstinada e sem trégua contra as abstrações na conduta humana". Avalia a impossibilidade de renunciar-se às diferenças na humanidade, a favor de uma monótona igualdade. Pergunta: "O que é um homem livre?" Citando Rilke, Nietzsche, Platão e os pré-socráticos, desenvolve as suas reflexões constatando a "armação da técnica" como fundamento comum de todos os sistemas e expressando a esperança de outra ressurreição ao assumir o desafio da ética.

Fábio Lacombe, em "Desejo e Ética", faz considerações em torno da lenda de Midas, buscando Silênio, preceptor do deus Dionísio, para apaziguar uma inquietação: - quer saber o que o homem pode almejar, a fim de conquistar a felicidade. Recebe uma reprimenda e a resposta: "Ó mísero mortal, por que queres isto saber? O que o ser humano pode desejar é nunca ter nascido. Uma vez que tal se deu, só pode desejar morrer". Diz o autor que a pretensa satisfação do desejo de não ter mais necessidades (ficar rico) afastou Midas de uma possível convivência com o mundo real. Freud diz que "a moralidade do cotidiano é substituída pela técnica psicanalítica". Sugere um lema, talvez estranho na atualidade para a psicanálise: "É preciso ousar o pouco".

"Limpieza de Sangre", de Francisco Antonio Doria, é uma análise histórica, tomando por base o conceito de sangue puro, sem mistura com negro, mouro ou judeu na aristocracia e nobreza da Península Ibérica. Defende a concepção de que o argumento da limpeza de sangue é um pretexto para constranger as classes emergentes - é um argumento ético: quem possuir sangue corrompido não pode ser bom. Tem que ser punido, afastado do convívio dos homens bons e limpos de sangue.

José Amaral Argolo, em "Correspondentes de Guerra: uma apreciação pedagógica", analisa o trabalho dos jornalistas, principalmente os correspondentes internacionais e seu dever de conferir as informações e não prejulgar; os que cobrem acontecimentos políticos e guerras têm que procurar ser precisos e imparciais. Oferece inúmeros exemplos das dificuldades enfrentadas por esses profissionais e do sentido ético que devem possuir.

Em "Ética, Imprensa e Responsabilidade Social", Ester Kosovski aprecia o papel dos meios de comunicação, após a abolição da censura e a adoção de valores como o senso de responsabilidade e o respeito ao outro, para nortear e definir limites do poder da imprensa onipresente, onipotente e onisciente, substituto dos deuses e oráculos na era da multimídia. A conscientização gera prevenção e a humildade dos sábios pode gerar credibilidade, o escopo da imprensa.

Muniz Sodré, em "Ética, Política e Psicanálise", faz considerações sobre ética, desde a etmologia, afirmando que "Ética é de fato uma ontologia, uma teoria de ser que, no interior da Filosofia, indaga sobre as finalidades da existência humana e sobre os meios de atingi-la". A Ética é também algo posto em relação com a comunidade, com o grupo. Na psicanálise, a ética não visa ao restabelecimento da harmonia social, mas a um "retorno ao sentido da ação", conforme Lacan.

Finalmente, William Batista, em "Ética e Contemporaneidade - sujeito e a destruição do Destino", faz uma apreciação filosófica remontando à teleologia política platônico-aristotélica e apresentando a ética na contemporaneidade como teoria e praxis, o confronto entre necessidade e liberdade, sujeito e sociedade, a tensão entre o individual e o social. Exemplifica com a análise de Orestes, personagem central de "les mouches" de J. P. Sartre e o destino trágico que ultrapassa na sua contingência.

Devemos agradecer aos autores que se embrenharam em reflexões referenciais e à operosa Mauad Editora, por seu autêntico interesse em divulgar idéias. Se esta obra contribuir de alguma forma no sentido de ajudar a pensar os problemas cruciais da nossa época, o esforço terá sido compensador.

Ester Kosovski

ÉTICA E COMUNICAÇÃO

Emmanuel Carneiro Leão

ÉTICA, IMPRENSA E RESPONSABILIDADE SOCIAL

Ester Kosovski

ÉTICA E CONTEMPORANEIDADE: SUJEITO E DESTRUIÇÃO DO DESTINO

William Batista

I

Ética e Comunicação

*Emmanuel Carneiro Leão **

No aspecto dinâmico de sua constituição, a Ética é uma luta obstinada e sem tréguas contra as abstrações na conduta humana. Por isso, em suas atitudes, os homens contestam, de fato se não de direito, toda ação ou reação encarcerada dentro de ideologias de esquerda, de centro ou direita. A ideologia construiu a pior das prisões. Abstrata e entranhada, é de uma violência essencial. Afasta o homem da grandeza de sua dignidade: a autonomia de ser e realizar-se a si mesmo. É que toda ideologia é sempre uma prisão abstrata. É esta ojeriza ao abstrato que explica, em grande parte, a atração duradoura que as grandes personalidades exercem sobre os homens. Apesar de todas as aparências, a pessoa é o maior esforço para salvaguardar o primado do concreto. Mas, em hipótese alguma, deve-se confundir concreto com imediato ou conhecido ou consciente. Esta também é uma das origens da descrença humana, se não nas instituições em si, pelo menos numa certa presunção das instituições de poderem substituir a vida e sua originalidade pelas funções e sua funcionalidade. Entendida como norma e prescrição, a lei supõe e se funda na pior das abstrações, na imposição de um fanatismo igualitário. E, como todo fanatismo, também o império da lei se estriba em mecanismos de defesa. Por isso, os atos violentos das diferenças prepotentes impressionam muito mais os homens, sempre estranhos para si mesmos e para os outros, do que os estados de violência da igualdade legal.

Como seria possível ao homem renunciar às diferenças, tão profundamente plantadas na raiz de sua humanidade, em favor de um nivelamento monótono e repetitivo da igualdade? Cada um de nós se pergunta, em todo encontro e em qualquer desencontro, se não subsistiria alguma conexão essencial entre o horror à abstração igualitária, à estandardização niveladora, e o horror à violência institucional, à prepotência sistêmica. E a resposta tem sido sempre uma experiência assertória, uma reação positiva, embora se trate de um elo nem sempre explícito e reconhecido. E por um motivo bastante simples. O espírito da abstração, sendo concreto, é de natureza passional. Ora, toda paixão gera o abstrato, sempre indispensável para sustentar as instituições e promover a igualdade. É impossível alicerçar qualquer equilíbrio e integração de forças reais em abstrações, tanto em nível biográfico e individual, como em sentido histórico e político. Esta também é a verdade profunda da falência de toda etnarquia, como foi outrora a Sociedade das Nações ou como são hoje as Nações Unidas, a Organização dos Estados Americanos, a Comunidade Européia ou qualquer instituição transnacional de pretensões políticas.

Caracteriza toda atitude ética ser despretensiosa e nunca, por operação dolosa e de má-fé, levar a crédito de uns o que inscreve a débito de outros. Ora, esta discriminação é traço característico e marca distintiva de certa dogmática histórica, hoje muito em voga. Julgamos com extrema benevolência e até toleramos os crimes de direito comum, chegando ao cúmulo de idealizá-los com as mais ridículas justificativas, enquanto condenamos com toda a severidade os crimes de natureza política e estigma social. No passado, o difícil, o grande desafio para indivíduos e grupos era chegar a ser ético e moral nas atitudes e ações. Hoje, não. Inverteu-se a situação. O grande desafio, no âmbito da ética, é conseguir ser moral e viver eticamente, é chegar a cometer um crime comum ou a tomar uma atitude reprovável. Pois todos somos vítimas. Ninguém pode ser ou sentir-se criminoso quando tudo é permitido e a permissividade campeia por toda a parte, como ideal supremo do valor e a liberdade se transforma cada vez mais em licenciosidade, tentando eximir-se de qualquer dever e isentar-se de toda interdição: "liberou geral"!

Vivemos uma aberração ética. O crime político é considerado pecado mortal, por ir de encontro e violentar o sentido da história, como se costuma dizer. Em contrapartida, o crime comum, não interessando pretensamente à história, é tratado, na prática, como um direito universal. Por desencadear uma violência marginal, o crime comum é visto como essencialmente venial. Assim não é de se admirar a simpatia que criminosos inveterados encontram entre os chamados progressistas, que se consideram e se têm por revolucionários. O conformismo da esquerda, os poderosos da esquerda, os bem pensantes da esquerda não são menos reacionários nem menos prepotentes do que o conformismo, os poderosos, os bem pensantes do centro e da direita. O intelectual progressista se julga revolucionário por sentir-se inferior ao criminoso comum, por ter vergonha de sua folha corrida limpa. É tido de mente tacanha e mentalidade careta quem continua achando o roubo ou o furto ato eticamente reprovável em si mesmo e como tal, qualquer que seja o contexto e a condição de vida de quem o tiver praticado.

A nossa época dá um espetáculo de verdadeira má fé no absurdo e de incoerência no reino dos valores: do ponto de vista ético, bem e mal não são dois princípios separados que se opusessem, como a integridade se contrapõe ao defeito e a perfeição contrasta com a imperfeição. O bem e o mal constituem, ambos, o mistério insondável de toda ética digna deste nome. Mas mistério não é um letreiro de propaganda nem uma referência ao sentimento oceânico da indiscriminação e do indiferenciado, em qualquer nível que seja. Todo mistério se ordena e sintoniza com uma atitude de meta-técnica, condição de possibilidade para todos os desempenhos de valor. É uma atitude sempre empenhada em determinar escolhas e definir decisões. O mistério se faz o indeterminável determinante de toda determinação ética.

Ninguém sabe os limites do progresso técnico, mas, em cada etapa de seu crescimento, todo mundo sabe, com um saber oblíquo e incorporado, que o progresso é, em sua natureza, opaco para si mesmo e obtuso para as condições de suas próprias possibilidades, cego para os valores e insensível para a operação de seus limites. É aqui que emerge a experiência mais do que lúcida, a experiência translúcida de uma conexão íntima e reciprocamente constitutiva entre ética e mistério. Quanto mais as técnicas progridem, tanto mais a ética regride em vigência formativa e em espontaneidade criativa. O progresso tende a disseminar uma atmosfera desfavorável para o exercício da ética e o vigor da criação. Por isso cresce hoje, cada vez mais, a metamorfose das sociedades em ajuntamento, da educação em adestramento, dos grupos em massa. É o caldo de cultura e da cultura dos meios eletrônicos de comunicação de massa. Ora, a ética só pode afirmar-se, florescer e viger fora das massificações e dos automatismos. A criação contra as repetições, o universal contra o abstrato, a originalidade contra a reposição, a personalidade contra as massas, a diferença contra as uniformizações da igualdade, tal é o verdadeiro desafio da ética no contexto sem viço nem vitalidade, em que hoje nos descobrimos inseridos a cada passo e por toda parte.

O apelo de originalidade, que nos trazem a criação, o universal e a diferença, interessa à ética de nossos encontros e desencontros nos empenhos de ser e realizar tanto o que temos e não somos, como o que somos e não temos. Mas aqui universal não é uma abstração que vale igualmente de qualquer diferença e de toda singularidade, por se deixar reduzir a fórmulas de comunicação susceptíveis de veiculação repetitiva. O universal, que a ética supõe e promove, é concreto. Ora, este universal concreto se concentra na criatividade do espírito e se realiza no acolhimento das diferenças. Pois todo espírito ou é amor e criação ou é um nada negativo, descambando para a imposição de estereótipos em estribilho. É esta a mensagem ética que nos deixou a experiência de pensamento dos gregos, em cada nível e em toda fase de seu percurso histórico. Entre amor e ética não pode haver incompatibilidade. Toda vez que se instala uma cisão, ou o amor se degradou em interesse ou a ética se cerebralizou em abstrações ideológicas. A massificação provém e se instala na falta desta integração. É por isso também que uma ética para as massas é uma bandeira de pirata. Pois só a pessoa pode ser educada. Fora disto, tudo o mais se reduz a treino e adestramento. As massas não podem ser educadas. Só podem mesmo ser fanatizadas por abstrações ideológicas. É o amestramento. Toda propaganda visa a garrotear a vida e a substituir-lhe as forças de criação por uma agitação padronizada e automática. A vitalidade dos tumultos, das rebeliões, das revoluções só se mantêm até as vésperas da vitória e a tomada de poder. A partir daí tudo são massificações e a possibilidade de um homem livre fica na saudade e na frustração de um ontem cada vez mais sem amanhã.

Que é um homem livre?

Como toda pergunta essencial, também esta não é uma pergunta que se possa discutir em abstrato, sem referência a situações concretas e às condições da existência. É próprio do homem realizar-se dentro de uma ancestralidade e arraigado num mundo. Pois bem, no mundo em que vivemos e na situação histórica com que nos defrontamos, a liberdade se dá e chega ao homem no retraimento e na recusa, como negação e negaceio. Há um século, depois de Nietzsche ter anunciado a morte de Deus, um outro anúncio se vem impondo, menos proferido numa denúncia do que sentido nos murmúrios da angústia: o homem está em agonia. Mas não se trata de uma profecia para o futuro. É uma experiência que se faz a cada passo. Dizer que o homem está em agonia não é julgá-lo ameaçado de fora por uma catástrofe ou pela fatalidade de uma destruição genética de toda a espécie. A agonia do homem corresponde a uma angústia muito mais radical. Equivale a reconhecer que as possibilidades de eliminação da vida na Terra brotam das profundezas do próprio modo de ser do homem. Hoje já não é possível esconder o elo intrínseco de ligação que prende o progresso à violência. Esta pertinência recíproca distingue e caracteriza a situação ética de nossos dias. O desafio da ética hoje não está em transformar-se numa ética da situação. Toda ética da situação inclui uma abstração nevoenta. O desafio concreto da ética está em entregar-se toda à espera do inesperado. Uma espera que vive e vivifica a vida do pensamento. Pois, pensar, como pensam os pensadores, não é saber, como sabem os conhecedores. É, perseverando na "espera do inesperado", deixar-se transformar pelo vigor originário do não saber. Trata-se de tarefa difícil.

Uma ascese rigorosa se impõe e um esforço continuado se recomenda: a ascese de se despojar de toda presunção de ser e o esforço de renunciar a toda pretensão de já saber o futuro. O que quer que ainda venhamos a ser, nós já somos, embora sem tê-lo em nosso poder. Tudo que ainda está por vir, nós já somos, embora sem o saber, de vez que estamos sempre empenhados num compromisso de ser e num esforço de realização.

Mas o que assim se nos propõe não é mera tarefa de tomar consciência. Pois toda consciência é um modo de ter. Trata-se de um desafio histórico. Só fomos o que somos, só somos o que havemos de ser, na medida em que nunca conseguimos ter tudo que nos é dado ser. Nossa dificuldade radical não está nem no futuro nem no passado. Está no presente. O espírito do presente não é apenas a presença. É também a ausência do espírito. As pretensões com o futuro e as saudades do passado nos atropelam o esforço do presente. Somos sempre seres do instante, como nos vem recordando ao pensamento a oitava ode pítica de Píndaro há mais de vinte e cinco séculos:

"Seres de um dia: o que é ser alguém?
O que é ser ninguém? - um homem,
sonho de uma sombra!"

Ao nos trazer desafio e provocação, a situação atual da ética desmascara também uma presunção: a presunção da razão de dominar e ter em mãos o próprio ser, a própria realidade. Uma tentativa sempre de novo ensaiada mas sempre de novo frustrada. E por quê? - Porque a razão nunca pode ser nova. Foi, é e será sempre velha. O seu tribunal é o supremo tribunal da repetição de moldes e do estribilho de modelos. E por quê? - Porque, por sua própria natureza, a razão impõe padrões e exige a observância estrita de paradigmas. Ora, modelos e paradigmas estabelecem normas, prescrevem regras. E como um processo normatizador pode aceitar o novo? - Por sua própria natureza, a razão produz conhecimentos. E como pode o já sabido e conhecido ser novo? - Por sua própria natureza, a razão traz consigo o passado. E como pode o que já foi e passou instalar o novo? - Toda derivada é contínua. Tudo que a razão carrega acarreta o velho, mas tão velho que não pode nem morrer nem viver. Ora, para nascer o novo, é necessária a contradição de viver e morrer ao mesmo tempo a cada instante. É o que nos convida a pensar, com nosso próprio ser, o epitáfio de Rainer Maria Rilke:

"Rose, oh reiner Widerspruch,
die Lust niemandes Schlaf zu sein
unter so vielen Lidern!"

"Rosa, pura contradição,
a volúpia de ser o sono de ninguém,
debaixo de tantas pálpebras!"

Quando se conhece uma situação ou se percebe uma conjuntura, elas não são mais. Já passaram. Todo real é uma realização incessante que não se repete mais. Trata-se de uma palavra, que, uma vez pronunciada, já não se pode dizer outra vez. O que se nos afigura repetição nas realizações do real não passa de um efeito ótico da razão. Para poder operá-las em apresentações, a razão paralisa em abstrações suas representações do real e acha que, com tais ferramentas, conhece o real e controla a realidade. Mas justamente a paralisação torna a razão velha. Um cálculo e um padrão, um paradigma e uma apresentação, um modelo e uma representação nunca podem ser novos. É que, por nunca poder ser originária mas por funcionar sempre em derivações, a razão não cria nada de original. Sua força é derivar, seu poder é, como todo poder, repetir-se em deduções, sejam formais, sejam transcendentais, sejam empíricas. E na linhagem das repetições, trata-se de um poder sem fim nem limites. No gênero de sua ação, a razão pode tudo. A razão só não pode pensar e criar, porque, para tanto, se torna necessário encontrar-se com a jovialidade das realizações do real, renunciando a toda pretensão de controlar, respeitando o mistério da realidade e deixando vir ao encontro o frescor e o viço, a juventude do novo.

É que, para se deparar com o novo, há de se abandonar todo paradigma de desdobramento e deixar ser todo parâmetro de derivação. Gerar paradigmas e constituir parâmetros, para neles tentar enquadrar o real, é a grande presunção da razão. Por isso, somente desfazendo-se de toda pretensão é que os ouvidos se abrem para o inaudito e os olhos se libertam para o invisível. A boa visão não é a que vê tudo que é visível. Esta é a visão racional. A boa visão é a que vê o invisível em tudo que vê e se faz visível. Suave, a melodia que se ouve. Criadora, a música que não se ouve mas se escuta em toda melodia. É para esta experiência criativa que nos convida hoje todo empenho ético pela ética.

Certa vez, Nietzsche escreveu que feliz e bem-aventurado não é quem não vê e crê, como está no Evangelho de São João, 2,29: "felizes os que têm crido, sem terem visto". Para Nietzche, feliz e bem-aventurado é quem vê e ainda assim não crê. Pois bem, para se pensar a crise da ética hoje, é necessário, num mesmo elã de ser, tanto ver e crer, como ver e não crer, como não ver e crer. Todos os métodos e todos os esforços da ética, ao longo destes dois milênios e meio de História Ocidental, nada mais fizeram do que desprender o homem de todas as pretensões e deixar emergir a integridade de sua conduta na irrupção inesperada da realidade nas realizações do real. Em cada ação e/ou omissão de todos nós, luta e se empenha por chegar a si mesma uma única experiência: o homem tem de conquistar-se a si mesmo, deixando ser as virtualidades de sua própria humanidade. Por isso, a todo momento, deve abandonar tudo e ser abandonado por tudo, a fim de se recuperar e se recolocar em cada situação de maneira sempre mais livre. Nenhuma ideologia serve à liberdade, que supõe e encoraja a ética. Pois a essência de qualquer ideologia é sempre discriminar e excluir tudo que lhe é diferente e contrário. Deve, portanto, despir-se de toda ideologia quem quiser remontar ao ponto de origem de uma realização libertadora. Aqui também valem as palavras do Evangelho em Lucas 17,33: "quem quiser conservar sua vida perdê-la-á, mas quem a perder há de gerá-la de novo".

Todavia, "gerá-la de novo", como? - Não, decerto, na monotonia das repetições nem num vazio cheio de aspirações e desejos, e sim pelo encontro com o inesperado na liberdade de ser e transformar-se. É a experiência a que nos remete toda a eloquência de pensamento da expressão grega: "gerar a vida de novo". Só alcança o fundo de si mesmo e só pensa as profundezas da ética na existência quem deixar tudo e for deixado por tudo, aquele para quem tudo desapareceu e se viu a sós com o Nada. É o passo constitutivo da postura do filósofo em todo homem que, de certa feita, Platão comparou com a morte: "empenho da morte", uma das definições platônicas da Filosofia.

A história da humanidade se move em ciclos de vinte e cinco séculos. A cada dois milênios e meio se fecha um ciclo, se atinge um clímax e se instala um fim. É o instante propício para nos transformar e ser mais livremente o que somos. Pois tudo se torna fluido e nada se fixa. Os velhos padrões se esboroaram e os novos parâmetros ainda não se instalaram. Aparecem, então, mais claras as limitações da razão e se fazem mais sensíveis as perdas com a racionalidade. O mundo todo entra em transição e sente a necessidade de passar. Dois mil e quinhentos anos atrás, surgiram Buda na Índia, Lao-Tzu na China, Zaratustra na Pérsia, os pré-socráticos na Grécia.

Hoje em dia, estamos de novo nos interstícios da história, de passagem para um outro dia histórico. Todos os parâmetros desvaneceram, todos os valores se gastaram, todos os princípios perderam força. Vivemos num estado fluido, elástico, maleável. O velho já não tem importância. O passado enfraqueceu seu poder e o futuro, se já principiou, ainda não chegou de todo. Estamos num intervalo histórico. É dia de libertação. É tempo de transformação. Por isso toda ética está em crise de fundamentos, impõe-se uma mudança de princípios, urge uma transformação de parâmetros. Na experiência histórica de Nietzsche, começa a descida de Zaratustra, para anunciar o "super-homem", der UEBER-Mensch. Sobre o sentido deste UEBER, "super", escreve o prólogo do primeiro livro do Zaratustra em letras de sangue:

> "Queria presentear e distribuir até que os sábios entre os homens se tenham alegrado de sua loucura e os pobres entre os homens se tenham alegrado de sua riqueza. Para tanto, tenho de descer ao fundo, como tu fazes no fim do dia, quando afundas no mar e levas luz para o mundo de baixo, tu, astro acima de qualquer riqueza!"

É nesta ambivalência de uma passagem histórica e de uma transição paradigmática que temos de aprender a conviver num verdadeiro vazio, num vazio esvaziado de toda pretensão de valer e valores, de decidir e decisões, de ser e essências, de ordem e ordenações. É neste aprendizado que nos chega o desafio da ética nos dias de hoje. Justamente porque nos devemos aventurar na grande e longa missão de construir um mundo novo, temos de aprender novamente a pensar novo. E temos de fazê-lo de modo ainda mais rigoroso do que todas épocas anteriores e éticas passadas. Pois somente um pensamento mais radical nos põe diante do que há de extraordinário neste desafio e há de nos preservar contra uma explosão de mera repetição e estéril imitação.

O que se trata de ultrapassar no desafio radical da ética, o que se tem de superar agora decididamente não é determinada interpretação do sujeito. É determinar o homem como sujeito. Esta determinação caracteriza os tempos modernos e hoje alcança, na expansão essencial da técnica, uma dinâmica planetária. É tão profundo seu vigor histórico que permite a concepções diferentes e até contrárias reivindicar, com o mesmo direito, a linhagem da modernidade. Idealismo e realismo, materialismo e espiritualismo, racionalismo e existencialismo, capitalismo e socialismo têm em comum a necessidade histórica de não se desenvolverem nem se afrontarem senão plantados no solo de um mesmo niilismo, do niilismo, em que o mistério da realidade e do realizar-se no tempo já não é nada e o nada se reduz sempre a algo simplesmente negativo, à mera ausência de qualquer coisa. Centro de um mundo quase que só feito de sujeitos e objetos, de funções e operações, de dispositivos e microeletrônica, a armação da técnica se vai tornando o fundamento comum de todos os sistemas e organizações modernas, a alavanca de todo humanismo, cristão, indiferente ou ateu, a meta e a meca de todas as revoluções, sejam capitalistas, sejam comunistas.

No império das funções politômicas, a crise da ética nos faz sentir a urgência de se pensar a questão de fundo de toda nossa existência: será mesmo que continuaremos indefinidamente prisioneiros da insurreição da técnica e condenados para sempre a desenvolver, sem nem mesmo pressentir, suas conseqüências monstruosas? Ou os tormentos que nos atormentam nas tormentas de hoje não poderão vir a transformar-se de repente no prelúdio, por mais doloroso que seja, de uma nova "aurora dos dedos de rosa" ou no fênix de uma outra ressurreição? - É com esta esperança animando-nos o pensamento que somos chamados hoje a assumir o desafio da ética!

* Sobre o Autor

Emmanuel Carneiro Leão é professor titular do Instituto de Filosofia e Ciências Sociais, professor titular e coordenador de pós-graduação da Escola de Comunicação da Universidade Federal do Rio de Janeiro. Autor de livros, ensaios, artigos e traduções no campo do pensamento, da reflexão filosófica e da poesia.

Ética, Imprensa e Responsabilidade Social

Ester Kosovski *

O Poder da Mídia

Rios de tinta já foram consumidos e ainda o serão, questionando e avaliando o poder, a influência, a interferência da mídia na era da eletrônica e da instantaneidade - e portanto a sua responsabilidade social. O papel da imprensa (termo usado no sentido lato) numa democracia e sua relação com a violência e criminalidade constituem temas para inúmeros seminários, debates, palestras, pesquisas, com as mais diversas conclusões que, em comum, constatam a sua força e importância crescente no mundo contemporâneo.

As notícias recebidas através da mídia eletrônica no exato momento em que acontecem (a transmissão da CPI da corrupção, por exemplo) despertam emoções e sentimentos variados e são apresentadas, selecionadas e comentadas "a posteriori" pelos jornais e periódicos, cada um à sua feição, sendo consumidos por público mais reduzido, servindo de fonte permanente de referência futura. A mobilização, o impacto, a solidariedade ou até o pânico que uma imagem forte pode causar (crianças esquálidas e famélicas; uma ave encharcada de óleo no mar; as vítimas da guerra fraticida na Bósnia; o aperto de mão de Arafat e Rabin; a fragilidade esperançosa de Betinho) são exemplos marcantes, emblemáticos, como as imagens da chacina da Candelária, dos presos do Carandiru, dos Ianomamis, da favela de Acari, logo substituídas por outras na eterna tentativa, sempre renovada, de superar o seu próprio impacto.

É desta força que advém a responsabilidade para com a sociedade ("responsa": "resposta"), o que inclui respeito para com a cidadania. A responsabilidade não pode ser delegada, segundo os cânones da administração; delega-se autoridade - a responsabilidade é compartilhada.

E acaba a mídia sendo responsabilizada por tudo.

Será que a violência e a criminalidade são exacerbadas pelos noticiários, programas e filmes da TV? Alguns estudos nos indicam que a banalização de atos desviantes os tornam normais e corriqueiros. Outros fazem uma leitura didática de certos programas com uma vinculação direta a eventos criminais, comprovada com exemplos, em diferentes países:

Nos Estados Unidos, após ser exibido na televisão um filme que mostrava como um menino havia posto fogo na sua escola, surgiram vários incêndios em escolas primárias executados da mesma forma, em diferentes lugares.

No Rio de Janeiro, o roubo de um banco, inclusive com o esvaziamento dos cofres, seguiu o roteiro indicado no filme "Como roubar um milhão de dólares" passado na televisão.

Também no Rio, vários assaltos com reféns foram inspirados em fatos reais ou ficcionais veiculados.

Recentemente na Inglaterra um ato de terrível violência em que dois meninos brutalizaram e mataram uma criança de dois anos, que morreu como o boneco violento "Chucky" do filme "Brinquedo Assassino": numa linha de trem, com a cabeça esmagada, e o rosto coberto por tinta azul. O filme tinha sido alugado pelo pai de um dos meninos alguns dias antes. (Outro lado da ação da mídia: a televisão ajudou a localizar os autores, pois o seqüestro da criança foi gravado pelo vídeo do Shopping de Liverpool, onde se iniciou a ação, segundo notícia publicada pelo "O Globo" em 26/11/93.)

A publicação de matérias sobre drogas é também polêmica. Quando o "crack" começou a penetrar no mercado brasileiro, os jornais fizeram uma reportagem de página inteira, detalhando com ilustrações como se fazia uso desta modalidade de cocaína com a observação que o seu efeito era mais rápido e o preço mais barato.

O assunto torna-se controvertido, portanto.

Na coletânea "Deviance and Mass Media"[(1)], publicada pela Sage (In-glaterra e Estados Unidos) editado e coordenado por Charles Winick, há entre quatorze pesquisas pelo menos duas diametralmente opostas: enquanto Stanford Sherizen, no texto "Social creation of crime news: all the news fit to print" (p. 203), enfatiza com dados a importância do crime como notícia, e constata que a mídia tem atuação relevante na criação e disseminação de crenças e opiniões sobre criminalidade, James D. Halloran em "Studying violence and the media: a sociological approach" (p. 287), afirma que se superestima a influência da mídia no comportamento violento e que a violência deve ser categorizada de várias formas como: a coletiva ou política; a pessoal ou individual; e suas causas e fatores são diversos para as diferentes categorias sendo que a mídia contribui como um fator de importância relativa.

Nossa tendência é buscar um vilão para a história, e lança-se mão do que está em mais evidência.

Se há controvérsias no âmbito mídia e crime, não as há tantas na relação mídia e vítima, que até foi batizada pelo professor Cid Pacheco como "vitimidiação"[(2)].

Tivemos uma dissertação de mestrado na Escola de Comunicação da UFRJ sobre o tema, defendida em 1992 por Amaro Agostinho Bezerra Filho, professor da Universidade Gama Filho, intitulada "Vitimização pela TV: a vitrine das agruras", onde o autor analisa o ridículo e o grotesco erigidos em carro-chefe de alguns programas populares, com o constrangimento evidente de pessoas, exploração dos seus sentimentos, e apologia do crime e do criminoso - até em detrimento da vítima, em certos casos.

Categoria das mais importantes de vítimas da imprensa é o das pessoas a respeito de quem se noticiam fatos falsos, sem maior investigação, levianamente, sem testar as fontes, atingindo a sua honra, dignidade, reputação e bom nome. Todos sabemos que isto constitui crime e, antes de mais nada, mesmo com risco de perder um 'furo' (às vezes literalmente furado) deve-se minimizá-lo perseguindo insistentemente a verdade: "como Diógenes com lanterna, devemos ir em busca da verdade eterna." A investigação ética é uma das maiores glórias do jornalismo atual.

Reconhecer um erro é importante; e existe com certeza o direito de resposta. Mas a mácula do que foi impresso está impressa, é indelével. Ouvir e dar voz com dignidade à vítima é também uma forma de chegar à verdade, pois a vítima é a eterna esquecida nos dramas e tragédias e às vezes só consegue falar e se salvar por interposta pessoa, como se ventríloqua.

Mas existe também vitimização grave porque coletiva, pela forma capciosa ou inadequada de se apresentarem as notícias agredindo não só a verdade mas até o vernáculo. A má redação faz vítimas. E ser jornalista não é só saber escrever - é antes saber "como" escrever - a arte e a técnica de bem empregar as palavras.

A Importância da Redação

Nunca é demais ressaltar a importância da redação e o conhecimento de suas técnicas para a comunicação. A redação é a âncora da verdade, é o modo de fixação dos significados ditos verdadeiros. Desde que Gutemberg criou os tipos móveis e iniciou a 'galáxia' - nomeada por MacLuhan a 'galáxia de Gutemberg'[(3)], onde também se desvenda que 'o meio é a mensa-gem' ou 'massa-gens' (mensagens/massagens com inúmeros sentidos), sabemos o quanto é importante a redação, a apresentação e elaboração das matérias para que a comunicação atinja o seu objetivo de transmitir, veicular, informar - comunicar uma mensagem inteligível para o receptor ou público visado.

Conforme Martin Buber, em "Eu e tu"[(4)] (Ediciones Nueva Visión, Buenos Aires, 1974):

> "Enquanto a experiência, o mundo, pertencem à palavra primordial Eu-Isso, a palavra primordial Eu-Tu estabelece o mundo da relação. Três são as esferas onde surge o mundo da relação:

1 - A primeira é a nossa vida com a natureza. A relação é ali obscuramente recíproca e está abaixo do nível da palavra. O Eu e Tu até o umbral da linguagem.
2 - A segunda esfera é a vida com os homens. A relação é aí manifesta e adota a forma de linguagem. Ali podemos dar e aceitar o Tu.
3 - A terceira esfera é a comunicação. Com as formas inteligíveis. A relação aí, está envolta em nuvens mas se revela pouco a pouco; é muda, mas suscita uma voz. Não distinguimos nenhum Tu, mas nos sentimos chamados e respondemos, criando formas, pensando, atuando"

Neste contexto, o texto é fundamental.

Existem requisitos necessários a uma prosa jornalístico-informativa e tais qualidades são enunciadas em decálogo, com muita pertinência em "Técnica de redação: o texto nos meios de comunicação", de Muniz Sodré e Maria Helena Ferrari[(5)]:

1 - Clareza - Visão clara e exposição fácil.
2 - Concisão - Palavras justas e significativas, sem excessos.
3 - Densidade - Texto substantivo com fatos; frases repletas de sentidos.
4 - Simplicidade - A difícil facilidade, o uso de palavras familiares e comuns.
5 - Exatidão - A busca do termo justo.
6 - Precisão - O rigor lógico e psicológico, no qual se evita a ambigüidade.
7 - Naturalidade - Sem pedantismo e afetação. A simplicidade se refere ao estilo, à naturalidade, ao tom.
8 - Variedade - Diversificação expressiva para não cair em monotonia estilística.
9 - Ritmo - Adequar o ritmo ao fato ou história (ritmo grave, reflexivo, cômico, etc.).
10 - Brevidade - Dizer apenas o necessário, usando a concisão e a densidade.

A idéia não existe sem a palavra que a exprime, sem o texto que a transmite. O texto é o tecido da mensagem. (Há mesmo uma corrente da lingüística moderna denominada "lingüística do texto."). Segundo Ingedore Villaça Koch em "A coesão textual"[(6)], a lingüística do texto surgiu na Europa na década de 60, projetando-se a partir dos anos 70; mas só depois de 1980, é que ganham corpo as teorias do texto, já que há fenômenos lingüísticos inexplicáveis pelas gramáticas da frase - pois um texto não é simplesmente uma seqüência de frases isoladas, mas uma unidade lingüística com propriedades estruturais específicas.

Há várias vertentes: Beaugrande & Dressler apontam certos critérios de textualidade. Dão realce ao estudo da coerência e do processamento do texto, não só ao conhecimento declarativo mas também ao conhecimento construído através da vivência, condicionado sócio-culturamente. Nesse sentido, tais autores aproximam-se da linha americana de análise do discurso, representada por Givón, que tem a preocupação, por um lado, com as formas de construção linguüística do texto enquanto sequência de frases, e, por outro lado, com o processamento cognitivo do texto (processos de produção e compreensão) e, portanto, com o estudo dos mecanismos e modelos cognitivos, buscando subsídios na área da psicologia da cognição e da inteligência artificial.

Van Dijk, holandês cujo trabalho se voltou particularmente ao estudo das macroestruturas do texto - e em virtude disso à produção de resumos, e ao das superestruturas ou esquemas textuais e portanto à tipologia dos textos, posteriormente passou a examinar outros tipos de superestruturas, especialmente as do noticiário jornalístico.

A lingüística textual toma, pois, como objeto particular de investigação, não mais a palavra ou frase isolada, mas o texto, considerado a unidade básica de manifestação da linguagem, visto que a comunicação se faz por meio de textos e que há fenômenos só explicáveis no interior do texto.

O texto é muito mais que a simples soma das frases (e palavras) que o compõem: a diferença entre frase e texto não é meramente de ordem quantitativa mas de ordem qualitativa. Muda-se o juízo de valor. Passou-se a pesquisar o que faz com que um texto seja um texto, isto é, quais os elementos ou fatores responsáveis pela textualidade.

Beaugrande & Dressler, já citados, apresentaram sete fatores:

Centrados no texto:

1 - Coesão: relações de sentido.

2 - Coerência: como os componentes do texto e relações subjacentes são mutuamente acessíveis e relevantes entre si - necessários à inteligibilidade (não são contraditórios).

Centrados no usuário:

1 - Informatividade: nível de informação.

2 - Situacionalidade: contexto, o texto no contexto.

3 - Intertextualidade: referências, reciprocidade.

4 - Intencionalidade: subjetividade, consciência da tomada de posição.

5 - Aceitabilidade: como o texto é aceito por quem o lê (quem o decodifica).

Quando a língua é o instrumento de trabalho, como do jornalista, do advogado, do professor, o conhecimento do que seja o texto em si é imprescindível, tanto para desenvolver idéias e análises, quanto para transmitir informações compactadas como em uma sinopse ou "lead".

O "lead" proporciona o conhecimento da notícia em rápida e condensada leitura do primeiro parágrafo, o que atende ao leitor apressado. O "lead" também tem por objetivo, como a chamada da matéria na primeira página, 'fisgar' o interesse do leitor e persuadi-lo a ler a matéria toda até o final. Para captar essa atenção do leitor, às vezes usam-se recursos pouco ortodoxos, que dissociam a manchete, ou a 'chamada', do conteúdo, acenando com promessas que não se cumprem no texto, trazendo por isso certa frustração ou decepção. Um exemplo clássico é a manchete: 'Violada no auditório,' que acaba fazendo sorrir ao se verificar que a notícia diz respeito a um cantor que, aborrecido, jogou o violão na platéia Mas as chamadas que não correspondem aos fatos são bastante corriqueiras, como, por exemplo, uma publicada na primeira página de "O Globo" no sábado 27 de novembro de 1993, que anunciava na página 26, "Ladrão é baleado e preso no prédio do vice-governador." A matéria da página indicada tinha o título: "Assaltante com revólver de plástico é baleado e preso" e relatava uma tentativa de assalto dentro de um elevador a um engenheiro que ia fazer um pagamento no prédio da vice-governadoria quando o ladrão foi baleado por um cabo que percebeu e frustrou o assalto. A chamada, ambiguamente, envolvia o vice-governador, que nada tinha com o fato mas que valorizava a notícia, induzindo à leitura do texto completo na procura do "fait-divers" relativo ao vice-governador.

É um pequeno artifício ou engodo que se usado deve sê-lo com muita sobriedade. Isto para não descreditar o veículo; e credibilidade é um dos objetivos das empresas jornalísticas, da imprensa.

Podemos dizer que os principais objetivos das empresas jornalísticas são o lucro imaterial (credibilidade, prestígio) e o lucro material (econômico-financeiro). As empresas públicas devem considerar também o lucro social, em termos de educação e desenvolvimento. Os eventos políticos, econômicos ou artísticos se interligam e cada novo evento altera o quadro da situação, podendo fazer prever desdobramentos (os chamados "suítes").

O "fait-divers" ("fatos diversos") é, à primeira vista, a matéria jornalística que não se situa em campo de conhecimento pré-estabelecido, como política, economia ou as artes. Eventos sem classificação, mas que interessam em si mesmos. No caso Bateau Mouche, por exemplo, - seu naufrágio em função de sobrecarga imprudente e gananciosa - a repercussão foi em função do ineditismo, das vítimas de classe média alta, da noite do Ano Novo, do paradoxo das comemorações concomitantes com o drama, ou a falta de solidariedade dos mais humildes. No caso Doca Street, quando este matou Angela Diniz, em circunstâncias que impediram a defesa da vítima, também a classe social dos envolvidos, o sexo, a violência do homicídio, a situação inusitada em que se deu o fato, tudo isso compõe o "fait-divers".

A imparcialidade na exposição dos fatos é desejável, mas sabemos que é difícil de ser seguida. Mas que o jornalista tenha pelo menos consciência disto e busque a objetividade como meta.

As notícias que atraem mais atenção são as do desvio; o normal, o corriqueiro não capta a atenção. Manchete impossível, segundo Cícero Sandroni: 'Hoje não temos notícias de interesse para o público' - (de O Globo). As boas notícias, que seriam as 'não notícias,' só atraem quando o contexto é todo anormal e o desvio vira norma, pela vulgarização e banalização do não convencional, do diferente, que passa a ser normal e habitual. A habitualidade esvazia o impacto.

Francisco Antonio Doria, em conferência proferida nesta mesma Escola, em 14.04.93, refere-se a esta 'não notícia' como a regularidade e à notícia como incidente ou acidente, quebra de regularidade. Critica também ser o sentido da história esquecido; fica perdido, pois o jornal organiza a complexidade da história numa hierarquia que vai dos 'fatos miúdos' aos 'grandes acontecimentos,' refletindo percepções de uma elite dominante, estruturando também a nossa temporalidade hierarquizada.

Assim, os veículos de comunicação carecem de maior auto-análise e reflexão sobre o seu papel e seu discurso, à proporção que novas formas e veículos são incorporados com maior abrangência, poder e liberdade. Cresce a sua responsabilidade.

Informação é Poder

Paolo Semama, em "Linguagem de Poder"[7] relaciona o termo 'poder' ao termo 'fazer,' desde que o primeiro seja entendido como substantivo abstrato e, como tal, 'sintetizador de uma situação.' Reduz os vários usos do termo 'poder' a essencialmente dois:

1 - Situação em que o sucesso (ação) imaginado se realiza.

2 - Situação em que um sucesso futuro é imaginado como provável.

Relaciona, assim, poder à capacidade de influir, mudar uma situação. O direito de informar tem que ser respeitado, pois acima de tudo é a democratização do poder.

No entanto, o direito de informar e até o dever de informar do jornalista limita-se com outros direitos a serem respeitados. A questão dos limites é fundamental: saber onde colocar os limites. Um pouco na linha do contrato social à Rousseau, pois a liberdade absoluta não existe e, em tese, a liberdade de cada um, numa democracia, deve ser exercida até o ponto em que não cerceie, atinja, constranja a liberdade do outro. O âmbito jornalístico adquire contornos às vezes não claramente definidos, quando o direito de informar conflita com o direito à privacidade e cabe à sensibilidade e senso ético do jornalista não invadir a privacidade, que é um bem jurídico tutelado pela constituição e pelo código penal no capítulo dos crimes contra a liberdade individual, em tipificação como a violação de domicílio, a violação de correspondência, da comunicação telegráfica, telefônica e de outra natureza, a divulgação de segredo profissional ou não, que possa produzir dano moral ou material a outrem. O dano é até irrelevante - basta a violação de direito.

Sobre a questão dos limites, uma imagem muito interessante foi dada em palestra no recente (1992) seminário sobre teorias do caos no Centro de Filosofia e Ciências Humanas, pela artista plástica Fajga Ostrower que mostrou serem os limites que determinam o conteúdo. Fajga traçou um triângulo, mostrando que o conteúdo do triângulo só existia por existirem os três lados, e um ponto colocado no interior só podia ser situado, também em função desses limites que nos informavam se o ponto se encontrava no centro ou descentrado.

A ultrapassagem dos limites pode ensejar a violação de bens materiais e imateriais. O que é liberdade com responsabilidade, senão a liberdade com limites que o conviver impõe? O educador inglês

O'Neil fundou a comunidade Summerhill, com inovador projeto, escrevendo o livro "Liberdade sem Medo" na mesma época em que Erich Fromm publicou "O medo à Liberdade". Depois de alguns anos e quando a escola de Summerhill implodiu, o mesmo O'Neil reviu sua posição e publicou "Liberdade com Responsabilidade". Liberdade, em inglês, tem mesmo duas palavras para designá-la, freedom, e liberty, com significados quase iguais, mas que eu tento distinguir como liberdade individual ou informal, o ser livre - freedom, be free, e coletiva, formal, privilégio, imunidade: liberty. Privada; e pública, institucional. Poderíamos fazer analogia entre a liberdade do direito à privacidade - privada e o direito à liberdade de informar - pública.

Em seus pensamentos metafísicos na Ética V, diz Spinoza:[8]

> "A primeira forma de liberdade não constitui em livrar-se das paixões - elas são necessárias, isto é, não dependem da nossa vontade, mas das leis da natureza humana. Ser livre não será, portanto, escapar das leis da natureza humana, mas, conhecendo tais leis, começar a deixar-se vencer apenas pelas paixões positivas. Não é uma ação que vence uma paixão, mas uma paixão mais forte que vence outra mais fraca."

O que é liberdade de imprensa?

Uma liberdade específica, apanágio da democracia. Um bem muito precioso a ser preservado. O abuso da liberdade pode ensejar aos saudosistas do arbítrio argumentos para advogar a volta do controle da censura de tão triste memória, desde tempos antigos e mais recentes das leis autoritárias e do próprio decreto-lei nº 1077 de 26 de janeiro de 1970, e dos decretos legislativos, portaria e instrução que regulamentaram a censura, abolida há pouco tempo. Houve um avanço, desde os tempos do Departamento de Imprensa e Propaganda (censura: a imagem do censor com cabeça de tesoura) até a liberdade que vigora no presente.

Muitas empresas, como a Editora Abril, sentindo falta desses limites, estão instituindo os seus próprios códigos de ética, apesar de existir um código de ética para a categoria, e um conseqüente manual de ética distribuído pelas redações. A liberdade de imprensa não pode abranger a publicação de notícias ou acusações sem a devida investigação da veracidade dos fatos ou a violação da intimidade, invasão da privacidade. Não pode haver negligência, imprudência ou imperícia, atributos do delito culposo, e muito menos dolo.

O jornalismo investigativo, sério, é o maior auxiliar da democracia. Temos tido provas disso.

Haja visto o caso Watergate.

A Liberdade de Expressão

A liberdade de expressão, reconhecida como direito, aparece pela primeira vez na Declaração de Direitos da Virgínia, de 1776:

> "A liberdade de imprensa é um dos grandes baluartes da liberdade e nunca poderá ser cerceada, senão por governos despóticos."

Esse direito está na Primeira Emenda à constituição americana de 1787:

"O Congresso não fará lei relativa ao estabelecimento de religião ou proibindo o livre exercício desta; ou restringindo a liberdade de palavra ou de imprensa; ou o direito do povo de reunir-se pacificamente e de dirigir petições ao governo para a reparação de seus agravos."

Em "Civil liberties and the constitution - cases and comentaries", Lucius e Twiley Barker Jr.(9), assim se manifestam:

"A primeira emenda, referente à liberdade de expressão, assembléia e associação, é o coração do que a democracia representa. Mas o que é realmente a teoria da liberdade de palavra e expressão? Embora as garantias da primeira emenda sejam consideradas como absolutas, a Suprema Corte nunca as interpretou sem limitações."

Philip Meyer, em seu "A ética no jornalismo"(10), nos diz:

"Atualmente os jornalistas estão eticamente confusos. Suas atitudes em relação às implicações morais de seu trabalho variam da humildade à arrogância, da insensibilidade total à hipersensibilidade".

Para muitos, o "First Amendment" é o fundamento de um sistema ético que envolve também princípio legal. A primeira emenda proíbe ao congresso a aprovação de qualquer lei que cerceie a liberdade de imprensa - e sobrevivem!

Aí fica evidente por que a constituição americana fez 200 anos em 1987 e portanto tem 208 anos, enquanto nós elaboramos 8 cartas magnas em muito menos tempo. A constituição americana é uma constituição de princípios. Com 7 artigos e 26 emendas (duas já revogadas) é reinterpretada permanentemente pela Suprema Corte, que não tem nomeações de favor.

Nós queremos colocar tudo na constituição e com isto tornamo-la rapidamente invalidada; não adiantam cláusulas pétreas.

A Declaração Universal dos Direitos Humanos aprovada pelas Nações Unidas em 1948, no art. XIX, dispõe:

"Todo homem tem direito à liberdade, sem interferências, de ter opiniões e de procurar, receber e transmitir informações e idéias por quaisquer meios e independentemente de fronteiras."

Nossa constituição, de 1988, estabelece no art. 5º:

IV. É livre a manifestação de pensamento, sendo vedado o anonimato.

V. É assegurado o direito de resposta, proporcional ao agravo, além da indenização por dano material, moral ou à imagem.

X. São invioláveis a intimidade, a vida privada, a honra e a imagem das pessoas, assegurado o direito à indenização pelo dano material ou moral decorrente da sua violação.

É assegurado a todos o acesso à informação e resguardados o sigilo da fonte, quando necessário ao exercício profissional.

A liberdade de expressão é, antes de mais nada, um direito político e o primeiro a ser abolido pelos governos totalitários que se querem proteger da vigilância dos cidadãos informados. Temos que preservá-la e protegê-la contra seus próprios eventuais abusos. O freio para os abusos é a valorização dos princípios éticos, fundados em valores universais consensualmente aceitos. Um desses valores e princípios é o respeito à cidadania.

Temos em vigor um código de ética para o jornalista, aprovado pelo Congresso de Jornalistas em 1985, no Rio de Janeiro, e modificado pelo XXI Congresso Nacional dos Jornalistas Profissionais, em 1986, em São Paulo, constituindo-se em 27 artigos assim distribuídos:

I - Do direito à informação

II - Da conduta profissional do jornalista, título onde també mestão relacionados os deveres.

III - Da responsabilidade profissional do jornalista.

Imputando a responsabilidade, recomenda-se ouvir sempre as pessoas objeto de acusações não comprovadas, feitas por terceiros e não suficientemente demonstradas ou verificadas. Também não basta ouvir os dois lados; é preciso buscar a verdade, pois duas versões podem ter embutidas duas falsidades; tratar com respeito as pessoas mencionadas, e permitir o direito de resposta, quando ficar demonstrada a existência de equívocos ou incorreções.

Aplicação do Código de Ética

As transgressões ao código serão apuradas e apreciadas pela comissão de ética. As penalidades a serem aplicadas pela comissão são:

a) aos sindicalizados, de observação, advertência, suspensão e exclusão de quadro social do sindicato;

b) aos não associados, de observação, advertência pública, impedimento temporário e impedimento definitivo de ingresso no quadro social do sindicato.

Ora, são sanções muito pouco intimidativas que na realidade não cerceiam abusos.

Se há jornalistas respondendo a centenas de processos criminais sem que mudem a conduta, é preciso conscientizar o auto-respeito pela profissão, sua valorização e conseqüentemente o respeito ao outro, como início da implantação de princípios éticos. Tentando fazer uma distinção entre ética e moral, e considerando que ética vem de "ethos" e moral de "mores", com o significado de "costume," podemos no entanto relacionar ética a princípios com certa universalidade e permanência, a valores que transcendem a temporalidade e a moral mais ligada a costumes, a lugar e tempo, ao direito consuetudinário, baseado em tradição e costumes, portanto mais transitória e cambiante. Lembramos Jeremy Bentham, autor de "Deontology or the science of morality" (1834), e do "Panoptikon"[11] (retomado por Foucault), onde imaginou círculos concêntricos para ilustrar serem a ética e moral mais abrangentes que o direito - este era o círculo menor contido no da moral e da ética, com um ponto central comum. No bojo da responsabilidade social, insere-se a responsabilidade civil e penal assegurada pela legislação.

Está ainda em vigor a Lei 5250, de fevereiro de 1967, e a chamada 'lei de imprensa,' que 'regula a liberdade de manifestação do pensamento e da informação'. São limites pré-estabelecidos por legislação promulgada no período do autoritarismo. Existem vários projetos de modificação, não prevendo pena de prisão para os crimes contra a honra. A lei em vigor prevê a censura e os abusos no exercício da liberdade de manifestação de pensamento e informação, tipificando uma série de condutas com pena de prisão, inclusive no seu art. 17:

> "Ofender a moral pública e os bons costumes: Pena - 3 meses a um ano e multa de 1 a 20 salários mínimos."

O que significa isto hoje?

Inclui muitos tipos já previstos no Código Penal, como a apologia do crime e do criminoso, e os crimes contra a honra, injúria, calúnia e difamação, inclusive contra a memória dos mortos. É prevista a retratação da calúnia e difamação, que excluirá a ação penal se feita espontânea e cabalmente antes do processo judicial. É estabelecido o direito de resposta e a sua regulamentação.

Sabemos entretanto que essa resposta em geral não corresponde integralmente ao determinado pela lei; publicada a posteriori, muitas vezes não é lida por quem tomou conhecimento da ofensa, da falsa ou equivocada informação, ficando indelével a marca da ofensa à dignidade ou reputação. Esta lei também determina de quem é a responsabilidade penal, a ação e processo penal e a responsabilidade civil para a reparação de danos morais e materiais nos demais casos. Raramente no Brasil pleiteava-se a indenização por danos morais, o que já está mudando, em virtude do preceito constitucional. Além da natural acomodação, não era muito difundida a prática de traduzir em moeda corrente uma lesão à propriedade imaterial. Os juízes relutavam, pela dificuldade da dosimetria e as pessoas desistiam do ressarcimento, o que constituía vitimização secundária. Esta mentalidade também está mudando e até artistas, normalmente desligados de litígios, estão pleiteando e ganhando indenizações substanciais por danos à imagem. Tudo começa com o respeito à cidadania, pelo próprio cidadão e passa pela ética em todos os níveis, que é o desafio para uma imprensa livre de censura.

Ética na Imprensa

Clama-se por ética - ética na política em tempo de corrupção, cinismo e apropriação indébita televisionados. A ética, preocupação constante de filósofos, desde Sócrates, Aristóteles, Platão, passando por Spinoza, Kant e Hegel e agora mais do que nunca devido ao anseio por aquilo que tanta falta faz. Na experiência ética, a pessoa é regida pela sua própria liberdade e opções, o que para muitos é mais difícil do que refrear-se por pressões exógenas. Mas "o ser humano," - segundo palavras do mestre E. Carneiro Leão - é o que ele pode vir a ser, mais do que ele pensa que é". Novos valores podem ser acrescentados aos antigos princípios ligados à permanência, pois são da ordem das idéias do incondicionado, como a ética, para Kant, em sua "Crítica de Razão Prática".

As normas são o condicionamento.

Nós estamos na efervescência do presente momento como que num desejo de transformação, mudança que também se manifesta por rebelião às regras, normas, leis, através da recusa em segui-las, em atitudes de verdadeira desobediência civil (à feição de Henry Thoreau - "Desobedecendo: a desobediência civil e outros escritos"[12] - Rocco 1984), quando juízes se negam ostensivamente a cumprir atos do executivo (no caso das liminares). Há também a resistência passiva em cumprir leis; quando há uma 'poluição legislativa,' excesso de leis que levam à anomia - (no sentido de Durkheim e Merton), ausência de normas, diferente de anarquia, que é ausência de autoridade e tende à entropia, ao caos (segundo Norbert Wiener).

Sem princípios - seria o caos.

Será que voltaremos ao início bíblico?

"No princípio era o caos?"

E uma boa maneira de terminar não será recomeçar?

E lembrar Nietzsche[13], em epígrafe de Emmanuel Carneiro Leão em seu "Existência e Psicanálise":

"É preciso a angústia de ser um caos para se gerar uma estrela."

Referências Bibliográficas

(1) ***Deviance and Mass Midia*** - Ed. Charles Winick (England, USA), Sage, 1977.

(2) ***Vitimidiação*** - Cid Pacheco - Temas de Vitimologia - vol. 1 - publ GIEV - U.F.R.J. - Rio, 1991.

(3) A Galáxia de Guttenberg - ***Os meios de Comunicação como extensão do homem***. Marshall Mac Luhan. Cultux, 1964
O meio são Massa-geris. Marshall Mac Luhan & Quentin Fiore, Coord. por Jerome Agil, Distr. Record, Rio, 1969

(4) ***Eu e Tu*** - Martin Buber - Ediciones Nueva Vision, Buenos Aires, 1974.

(5) ***Técnica de Redação - O texto nos meios de Comunicação*** - Muniz Sodré e Maria Helena Ferrari - Ed. Francisco Alves, Rio, 1978, 2ª ed.

(6) ***A Coesão Textual*** - Ingedore Villaça Koch, Ed. Contexto, S. P.,1989.

(7) ***Linguagem e Poder*** - Paolo Semama - Trad. de Wamberto Hudson Ferreira, Ed Universidade de Brasília, Brasília, 1981.

(8) ***Ética*** - Baruch de Espinosa - Trad. de Joaquim de Carvalho, Coleção Pensadores, vol. XVII, 1973.

(9) ***Civil Liberties and the Constitution - Cases and Comentaries*** - Lucius e Twiley Barker Jr. - Prentice Hall, N. Jersey, 5th.es., 86.

(10) ***A Ética no Jornalismo*** - Phillip Mayer, Forense Universitária, RJ, 1989.
(11) ***Deontology or the Science of Morality***, 1834, ***El Panoptico***, Jeremy Bentham - Unorenta de D. Fermin Villalpand, Madrid, 1822, Reimpresso - Ed. La Piqueta, Madrid, d.d.
(12) ***Desobedecendo - A desobediência civil e outros escritos*** - Henry Thoreau - Trad. José Augusto Drummond, Rocco, RJ, 1984.
(13) Nietzche, Friederich, Wilhem - (1844-1900) - apud. Emmanuel Carneiro Leão em ***Existência e Psicanálise***, Tempo Brasileiro, 1975.

*** Sobre a Autora**

Ester Kosovski é professora titular da Escola de Comunicação da UFRJ, onde é chefe do Departamento de Processos e Meios. Leciona na graduação e pós-graduação da ECO e também no Mestrado da Faculdade de Direito da UFRJ. Tem publicado livros, artigos e ensaios em várias áreas do conhecimento.

Ética e Contemporaneidade
Sujeito e Destruição do Destino

William Batista *

Ética Contemporânea: a Outra Aporia

Destino é uma coisa que está sempre vindo e nunca acaba de chegar; pois que destino do que quer que chegue é ir embora para um lugar que ainda vai ser encontrado e destruído.

Destino não é aquilo para onde eu vou, é aquilo de onde eu venho.

Destino é aquilo para onde estou voltando.

Prenuncia-se ética e é a falta que ecoa. E enquanto se pensa esse eco em sua procedência de um vazio, a ética mesmo corre o risco de permanecer impensada. E no entanto, pensar a falta é já também pensar aquilo de que precede a falta. De tal forma que, prenunciada a falta em seu vazio, ela devolve à presença, através da lembrança que a pronúncia evoca, aquilo que parece, pelo eco, estar ausente.

Mas a estratégia dessa falta é que ela nem se faz sentir e, se é sentida, sequer é sentida como falta. E é precisamente por essa lacuna que se revelam as fragmentações, os desgastes, a carência de mediações, o esgotamento dos modelos, as mistificações, o cansaço da verdade.

E assim, a cena de um mundo fundado pela metafísica aparece quase vazia. Reconstituir o projeto dessa cena será o desafio à nossa capacidade de realização ou não de uma nova destinação à ética. Invadir a cena esvaziada do princípio e da universalidade e aí poder recuperar, desde a procedência da falta, os fios invisíveis do fundamento, da "theoria".

Depois de Nietzsche, Marx e Freud, o "logos", a mais fundamental de toda a herança clássica, parece não mais se legitimar em sua evidência, nem oferecer e garantir um instrumento seguro de compreensão e explicação do mundo e das nossas posturas e escolhas. Ou até pode ser que o "logos" se encontre agora numa tal expectativa e urgência de ser reinterpretado que o seu esvaziamento constitui também o caminho para o resgate do seu sentido, do seu lugar e do seu vigor.

A nossa estranheza diante da falta exprime a consciência de um vazio de fundamento e da premência de encontrar esse fundamento. E então a falta é sentida como falta e a ética poderá reencontrar o seu destino. A ética, como teoria, pretende assim encontrar o fundamento da "praxis", a prática especificamente humana.

A teleologia política platônico-aristotélica, como exposta por Aristóteles na "Ética a Nicômanos" e por Platão através da luminosa metáfora do mito da caverna nos primeiros parágrafos do livro VII de "A República", faz repousar no Bem esse fundamento.

A história da ética no Ocidente dá conta do destino ontológico-político da solução platônico-aristotélica, do destino patrístico-escolástico da submissão da ética à ciência teológica, do destino racionalista da crença na autonomia e autoridade da razão. Estas soluções e destinos foram de uma tal força que o ambiente social de suas origens acabaram por se tornar focos civilizatórios decisivos. A cultura ocidental se constitui hoje de uma conjugação e síntese dessas soluções e destinos. E também de uma conjugação e síntese da perda desses destinos.

Através do processo de superação pelo qual passa o nosso tempo, aparecem os confrontos e fissuras, a relativização dos paradigmas e verdades, os caminhos do aberto para a reinvenção do destino. Assim, é ainda através da sua falta que a ética se apresenta; é preciso que haja ética para que seja possível que se tome consciência de que ela está ausente.

Ética, como ciência, é hoje disciplina de um campo do conhecimento humano chamado Filosofia. Como já foram a Física, a Matemática, a Estética, a Política e outras áreas do saber agora autônomas. Como parte de transformação que atravessa toda a cultura ocidental, a "theoria" chamada Filosofia tem sido tomada como disciplina crítica; não ensina nada. Essa teoria convoca as singularidades e os acidentes para que sejam lidos em suas interações e seus cortes. Incentiva as abordagens múltiplas, relativiza as dogmatizações, integra e abre.

Como a Filosofia, a ética é apenas teoria. Esse "apenas" não é compreendido como privativo ou negação. Esse "apenas" é totalizador, exprime a pretensão que tem a teoria de visão da totalidade. Assim, a ética é uma teoria, não por oposição à prática, mas como esforço de ultrapassagem do dado imediato para, abstraindo-se dele, integrá-lo num universo maior. É sempre o real que é visado.

Toda prática é teórica. O pensar e o fazer são inseparáveis. A ação humana é de alguma forma antecipada mentalmente, sustentada por uma racionalidade e uma explicação e é de alguma forma dirigida para uma finalidade projetada. Ética é uma teoria - teorizar é ver totalidade, universalizar, ultrapassar as determinações individuais em vista de uma universalização. Essa ultrapassagem não representa esforço de deixar para trás as manifestações individualizadas, mas o trabalho de abarcá-las e fazê-las participar da totalidade.

Trata-se de uma teoria, como também é a Filosofia, no sentido da ausculta, da reflexão, do retorno, do curvar-se sobre. A ética reflete; e se essa atividade se torna pedagógica, seu ensinar não vem da autoridade de um saber estabelecido ou de um poder técnico sobre o mundo, mas vem da postura da pergunta, do vigor da procura. Um questionamento que convoca a uma tomada de posição diante do conjunto da realidade.

Assim, a ética se propõe a pensar fundamento. O caminho da teoria na busca da procedência de um fundamento repousa em um princípio e um início. Um início oferece procedência e origem, um princípio funda e acompanha, desde a origem, o percurso do itinerário. E então todo o itinerário passa a ser inspirador e é seguido da sua origem e em seu percurso por um princípio que o anima. Se se perde o vigor desse princípio, percurso e itinerário entram em crise. Para depois recomeçar em outros termos e na alusão a outro destino.

Por volta do séc. V a.C., no interior da "polis" grega clássica, um novo sujeito - o político - irrompe em meio a uma crise da cidade e se afirma simbolicamente como triunfo da liberdade sobre o destino. A partir desse momento crucial da civilização no Ocidente, o mundo da liberdade constitui o mundo da cultura. O mundo da cultura se opõe ao mundo da natureza, que é o domínio da necessidade - totalização que exprime a existência de uma lei universal necessária.

A esfera da liberdade é tensa, ambígua, aberta, provisória. A da natureza é fechada, fixa, rígida, definitiva. O triunfo do sujeito livre sobre a objetividade do estabelecido do dado da natureza inaugura desde então o domínio do sujeito, a esfera própria da liberdade. A esfera da possibilidade, da historicidade, da ruptura. A "theoria" ética resulta assim da esfera da liberdade, das escolhas de modos cada vez atualizados de pôr-se-em-relação com o outro no aberto da total possibilidade do humano.

A ética, como a Filosofia, aparece nesse momento, ligada a grandes transformações mentais. De um lado, o insurgente pensamento racional que exclui o sobrenatural e rejeita a assimilação que o mito estabelecia entre fenômenos físicos (physis = natureza) e fenômenos humanos e religiosos. Separa e distingue da natureza os deuses e homens, o que o mito confunde.

Como teoria e ciência de princípios e fundamentos, a ética surge portanto na Grécia clássica nesse contexto histórico de crise do "ethos" enredado em uma aporia com a "physis". Em busca de um fundamento à "praxis", Aristóteles começa por definir o homem como animal político - da "pólis", o espaço onde ele realiza o seu ser-de-relação que ele é. O homem é um animal político porque é racional - de "logos". A racionalidade ordena a "praxis" em vista de uma finalidade - "telos". A finalidade da ação humana é o Bem. E a racionalidade que define o homem vincula a "praxis" à conformação a essa lei universal.

A solução platônica-aristotélica do princípio fundamental chegou até nós pelas vias da tradição cristã. A partir de então, a ética envolve uma racionalidade universal, que define o homem e dirige suas ações, posta em prática nas relações humanas, seja para o bem ou seja para o mal. Toda ação é decorrência de uma escolha. Dessa escolha, que representa uma tomada de posição livremente escolhida diante do mundo, ninguém escapa.

Existe ética porque existe sujeito. Sujeito é aquele que toma posição, que faz, que atua, que age sobre o mundo das coisas, sobre si mesmo, sobre os outros, sobre o mundo dos outros. Existe ética porque existe outro. Porque nossas ações e nossas escolhas, por mais particulares, individuais e solitárias que nos pareçam, sempre tocam e repercurtem sobre outro.

Na atual crise de totalizações e representações, a contemporaneidade não pode ser ainda representada. Esse não-poder é compreendido como abertura, embora oca, para a potencialidade praticamente infinita daquilo que está em vias de nos chegar e que nós não vislumbramos ainda. E por isso não se deixa identificar, e, por não se deixar identificar, não podemos ter dela representação alguma - por não termos distanciamento suficiente para caracterizá-la com isenção.

Apenas podemos admitir que parece quase perdida, por tão questionada e esvaziada, a herança clássica do fundamento primeiro, da universalidade da verdade, do princípio que permite compreender e explicar as questões básicas do humano. Há indicadores, na nossa cultura, de que estejamos vivendo uma nova aporia. Na cidade grega clássica, a aporia foi entre o "logos" e a "physis", na cidade contemporânea a aporia é entre o social e sujeito.

A contemporaneidade é o lugar do pôr-em-questão. Abrir o caminho para a possibilidade da ultrapassagem dos dualismos e polaridades estanques para uma perspectiva de multiplicidade de estado-de-aberto para as diferenças. Trata-se de uma abertura para a esfera do sujeito, para a integração do conflito (não a sua anulação) e da tensão entre os diferentes. As consciências de sujeito se posicionam e se interrogam sem a mediação dos pressupostos e certezas dadas pelas definições universalmente válidas. Parece esquecida a garantia do apriorístico das essências.

Vivemos uma tal fragmentação que sequer sabemos identificar e formular uma questão fundamental do nosso tempo. Nosso tempo não se detém mais sobre a meditação de um fundamento e, por isso, não encontra questão fundamental. Qualquer questão, desde que colocada sob o signo do "modus" contemporâneo, pode ser tornada questão fundamental.

É tal a desagregação de linguagem, que sequer podemos correr o risco de reunir, em uma síntese conceitual, os fios que traduziriam a complexidade do processo de transformação que atinge a vida do homem atual, lançado a um mundo sem referências. O seu espaço é, hoje, um campo de verdades ameaçadas, de valores que já não são mais absolutos, mímicas e códigos saturados.

A cena aparece quase vazia. Novos problemas nos convocam e esperam novas respostas: a manipulação da vida, a dialética entre a escolha pessoal e a cultura de massa, inseminação artificial, ecologia, "aids", guerras químicas, a existência do inconsciente... Novas questões que exigem novas articulações e análises novas, nova linguagem, novos conceitos e perspectivas.

Mas isso não significa que se trate de um tempo tão completamente outro que, pela resistência à tradição, se emancipa do passado e apaga as marcas. Está em curso, embaraçado à história e às perspectivas de outro tempo.

Se não dispomos mais de um princípio universal regulador das nossas práticas, isso constitui a nossa chance e também o nosso drama. Lançados a um mundo que espera ainda ser construído, a nossa chance será poder forjá-lo a nosso modo, livre do peso da dependência e da obediência a um passado e a uma tradição que ditam caminhos e regras.

E esse será também o nosso drama, porque nos obrigamos, confrontados com a angústia da liberdade, a abrir, em escuridão completa, outros rumos com os riscos e a tensão que essa escolha implica. É o mito do começo absoluto, isento da tradição e dos pressupostos de verdades universais.

O que resulta do vazio de pressupostos e verdades universais é o confronto entre necessidade e liberdade, a tensão entre o individual e o social, o confronto entre sujeito e sociedade. Preocupação ética, tensão, diálogo, conflito, diferença, liberdade são domínios próprios do sujeito.

O Sujeito e a Destruição do Destino

Orestes, personagem central de "Les Monches", de J.P. Sartre, irrompe com um novo sujeito afirmando a sua liberdade e as conseqüentes reversão do princípio universal e destruição do destino, apenas por se escolher, desamparado e só - "sem outro recurso que em mim mesmo" (cena II do III ato).

Sartre escreveu "Les Monches" (1943) reescrevendo "Electra" de Sófocles (séc. V a.C.). A Electra de Sófocles, ardendo de ódio pela mãe e de ternura pelo pai, é só submissão e tormento. A de Sartre, que em "Les Monches" recebe papel secundário - o de protagonista recai sobre Orestes -, é só arrependimento, medo e culpa. A de Nelson Rodrigues, por exemplo, a Moema de "Senhora dos Afogados" é cínica, sem princípios, ensandecida.

A trama de "Les Monches": na cidade grega de Argos, o rei Agamenon é assassinado pela sua esposa, a rainha Clitemnestra, com a ajuda de Egisto, seu amante. Assim, Egisto se torna rei e se mantém no poder à custa da culpa, do medo e do remorso de um povo submisso e arrependido.

O filho de Agamenon e Clitemnestra, Orestes, retorna do exílio e, para vingar a morte do pai, mata a mãe e o usurpador Egisto. Sozinho ele decide, sozinho ele mata sem culpa, remorso ou arrependimento. Depois de praticar o ato da sua escolha, ele abandona Argos, já dissipadas as insuportáveis moscas do medo, da culpa e do remorso. Como confessa à sua irmã Electra: "Sou livre... como sou livre, e que vazio imenso é minha alma".

Orestes retornou a Argos para estabelecer que é sujeito, para cumprir sua escolha por si mesmo. É a decisão por si mesmo que o torna sujeito diante de si próprio e diante dos outros. Pela sua decisão ele faz de si o homem que ele é , e se abre para a realização do seu projeto em que ele, livre do destino, pode se cumprir ou fracassar. Se seu projeto se cumpre ou fracassa, esse é o seu projeto escolhido, e apenas por ter sido seu e livremente escolhido já o terá realizado.

Orestes só se faz sujeito no momento em que decide destruir o seu destino. Em se escolher, ele aniquila o seu destino, transforma em nada aquilo que como nada espera ser realizado e transfigurado pela sua escolha. Quando ele decide não mais coincidir com o seu destino, então ele se escolhe.

Pela sua decisão, ele se esvazia do absoluto do destino e se projeta; pois só o que já se esvaziou procura e busca; só o vazio, abrindo por suas escolhas o fechado do destino, pode mudar o curso e a tessitura das tramas.

Antes dessas decisões ele vive no exílio. O exílio representa a submissão a um destino que lhe vem de outro: a perda da pátria, da cidadania, da raiz. Afastado de si mesmo, as suas escolhas não são suas, são de outro; suas decisões não lhe pertencem.

O exílio é o lugar onde não é possível decisão; o exilado é sempre o estrangeiro. Ninguém se escolhe no exílio; e com a decisão de deixar o exílio, ele toma nas mãos o seu destino. A sua escolha o espera.

Uma vez que seja da essência do destino que ele nunca se justifique e nunca se esclareça, também a decisão e o ato de destruí-lo nunca são justificados. Ou bem a ele se entrega e a essa entrega dêem todos os significados, ou bem dele se separa e o nega. E depois dar também a essa negação todos os significados.

Quando Orestes se precipita contra o seu destino, ele penetra em seu segredo e o transfigura. Afirma a sua capacidade de transfiguração do mistério ao seu redor. E é o fascínio desse mistério que o desafia. E é para enfrentar esse mistério que ele decide voltar a Argos, praticar o ato da sua escolha e depois partir livre das moscas - metáfora do medo, da culpa e do arrependimento - o que um tal transgressor tem que ultrapassar.

O sujeito se manifesta, assim, na decisão. Decisão sugere cisão, corte, rompimento. É como sujeito que ele corta e nega. Quando ele nega o estabelecido do destino, ele está buscando o seu modo original de realizar sua presença no mundo. E sempre de novo se escolhe e se destina ao destino que ele inventa.

Então, livre da rigidez do destino, Orestes sabe da permanente possibilidade de realização de si mesmo em um aberto que ele pode modificar através das suas escolhas. O destino que ele pode escolher e modificar não é destino mais.

Agora livre, Orestes abre outra perspectiva e outro significado que podem deslocar significados e perspectivas, e até também a falta de significado e perspectiva. Nas palavras de Zeus: "Orestes sabe que é livre. Uma vez que se instalou a liberdade na alma de um homem, os deuses nada mais podem contra esse homem."

O diálogo de Orestes com a submissa Electra dá conta da irreversível emergência do sujeito que já destruiu o seu destino:

"Sou livre, Electra, a liberdade caiu sobre mim como um raio. Realizei o meu ato... eu a levarei sobre os meus ombros... ontem eu andava ao acaso sobre a terra em milhares de caminhos... mas pertenciam a outros e nenhum deles era o meu. Hoje não há mais que um caminho, e ninguém sabe aonde me leva, mas é meu caminho" (cena VIII do II ato).

No tenso diálogo em que Orestes se confronta com Zeus (cena III do III ato), ele começa por negar que Zeus, embora rei dos deuses e das estrelas, seja rei também dos homens.

Zeus: "Não sou teu rei, larva desavergonhada, então quem te criou?"

Orestes: "Tu, mas não devias ter me criado livre".

Zeus: "Eu te dei a liberdade para que me sirvas".

Orestes: "É possível, mas voltei-me contra ti, e quanto a isso nenhum dos dois nada podemos".

Zeus: "Sabes que essa liberdade da qual te dizes escravo se assemelha muito a uma desculpa".

Orestes: Não sou nem senhor nem escravo, Zeus. Sou minha liberdade, apenas me criaste e deixei de pertencer-te... e me senti completamente só... sem outro recurso que em mim mesmo... só posso seguir meu caminho, porque sou um homem, Zeus, e cada homem deve inventar seu caminho... Tu és um deus e eu sou livre; estamos igualmente sós e nossa angústia é semelhante".

A escolha crucial de Orestes é distinguir-se de Zeus. Zeus é plenamente o que é, a identidade absoluta, o fechado, o totalmente realizado. Orestes, que é o aberto, o inconcluso, o incompleto se rebela para, como aquele que não é plenamente o que é, possa se ultrapassar e construir ele mesmo o seu destino.

Só o sujeito nega... Por sua presença, ele introduz no mundo a negatividade, a falta, a carência. Negando, ele escapa da plenitude do fechado e do completo; pois, não sendo plenamente o que é, ele precisa se encontrar ainda e ainda se escolher. Ele sempre de novo se descobre e não se realiza nunca. A sua realização se constitui do processo de estar se realizando.

O que já é absolutamente o que é não precisa se escolher, ele já está completo - a plenitude. O pleno já está perfeito e não tem a que se projetar; o perfeito já está realizado e por isso não tem mais nada a cumprir.

Orestes então se escolhe como carência e ambigüidade, incompletude diante de Zeus, o pleno. Só assim ele pode ser sujeito, só um ser lançado a um tal aberto pode negar o seu destino. Destruir o seu destino significa tornar contingente a sua presença no mundo e enfatizar nessa presença o que ela tem de mais originário e mais aberto - o que ele ainda vai fazer de si mesmo.

Contemporaneidade - Sujeito e Ruptura

Diante de um tal aberto, perdem-se os paradigmas. Paradigma da contemporaneidade é não ter paradigma algum. E isso denuncia a falência dos modelos, o enfraquecimento das verdades; a perda das referências, o colapso dos discursos e racionalizações herdada de uma racionalidade moderna.

Essa avalanche de crises que desabam sobre nosso tempo nos faz tomar consciência da amplidão do vazio que nos defronta. Mas não se trata do vazio do nada, de não ser mais ou não ter ou não poder, mas o vazio da possibilidade infinita do devir. É que repentinamente as respostas vindas da tradição não respondem nem correspondem mais. Em vez da segurança das definições, o homem contemporâneo se envolve mais com perguntas e questionamentos. E se inclina mais para a inquietação e a suspeita.

Como um terreno baldio, a contemporaneidade é isso que ainda espera ser rompido; a história que espera ser contada, o fato que espera ser tornado acontecimento. Para que, uma vez tornada acontecimento, a história receba o sentido e o destino que virá depois. Depois das interpretações.

O contemporâneo é isso que ainda espera por não ter condições de voltar sobre si mesmo, por não ter condições de distanciamento. E permanece inacessível. De tão próximo, permanece inacessível. Assim, em processo de elaboração nos limites de uma realidade que ela nega e supera, a contemporaneidade se cumpre como imensa expectativa. E também por isso permanece inacessível.

O lugar da contemporaneidade é ruptura. Corte e decisão permanentes. É por isso que o tempo nos angustia tanto. Pois é pelo tempo que chegamos à consciência de seres de projeto que somos. Somos projeto nos dois sentidos de "pro-jedum": a) no sentido daquilo que é incompleto e inacabado, e que é histórico e está se fazendo ainda; b) no sentido daquilo que pela consciência se lança, se projeta; abertura para o futuro, para outro.

Por isso, o tempo nos angustia tanto, porque nos desenraíza. E nos atrai para um fundo de nós que não sabemos, que vamos construir; para aquilo que não encontramos ainda nem dentro nem fora de nós, nem antes. O tempo nos angustia tanto porque nos concede a consciência da inevitabilidade das rupturas. Uma passagem feita de um tempo tão inexorável que, passando sempre, exatamente passando nunca acaba de passar.

É tal a nossa intimidade com o dado situado do nosso tempo que a contemporaneidade não se distingue de nós que a fazemos. O tempo nos angustia tanto porque subverte o destino que damos aos nossos passos e esperanças.

O lugar da contemporaneidade é o estranhamento. Estranhamento do mundo e estranhamento de si mesmo. Cada um é o que é com o seu tempo. Significa dizer que cada um é o que é com aquilo que lhe escapa. O viajante do filme "O Viajante", de Volker Schloendorff, baseado no livro "Homo Faber", de Marx Frish, não vai terminar sua viagem nunca. Pois que ele viaja à procura dele mesmo e do tempo que lhe escapa. A peregrinação sem fim por estradas e portos, hotéis, museus e ruínas atesta sua obsessão pelo encontro.

E de tão incômodo nele mesmo e no mundo, ele viaja. Ele viaja incessantemente porque é ele mesmo o estrangeiro. E porque em qualquer lugar do mundo ele se estranha. Ele estranha tudo o que ele encontra porque tudo o que ele encontra é o mais familiar e o mais próximo. Ainda no aeroporto, antes de embarcar para a primeira viagem, ele estranha o rosto do homem que ele ainda não sabia ser do irmão do amigo e rival na sua juventude. E que não sabia que queria tanto reencontrar.

O que ele mais procura é reencontrar. E depois estranha o que mais reconhece em cada reencontro. Na viagem seguinte, ele estranha já no primeiro encontro o rosto de Elizabeth, que tem o mesmo rosto de Ana - o fundo de tudo aquilo que vinte anos atrás ele encontrou e perdeu, e não sabe que procura ainda. E é exatamente por estranhar que elas tenham o mesmo rosto que ele aprofunda ainda mais sua viagem para dentro do seu estranhamento.

Ele insiste em sua procura. E vai procurar ainda muito mais, pois ele recusa o que encontra. Ele não quer nada do que lhe vem. Porque o que ele quer é voltar. É voltando que ele reencontra o que lhe falta.

Reencontrando o passado, ele escapa do passado, e se redime da ansiedade pela plenitude impossível. Ele encontra e foge para não estabelecer o mesmo modelo de encontro. Ele foge dos paradigmas. E mergulha na direção do fundo da passagem do aberto; a sua viagem não distingue o seu começo do seu fim. A primeira viagem e a última são a mesma viagem. E a sua viagem não tem fim porque não tem destino. O destino é ele mesmo.

O encontro com o amigo morto traz de volta a juventude sem esperança e repleta de conflitos, a presença gelada e silenciosa da morte. O reencontro com o naufrágio da sua própria vida. A queda do avião foi o primeiro acaso que tornou possível o avanço no rumo do primeiro encontro fatal com o vazio do que passa, se deteriora e silencia.

Depois desse primeiro acaso, ele se abre para outros acasos que precipitarão outros reencontros em sua viagem de volta para si mesmo. Como em uma sala de espelhos, Elizabeth traz de volta o mais longínquo, o mais presente, o mais profundo. A porta do desejo, a intensa ilusão do reencontro com o que mais amou e perdeu.

E depois no fim, Ana - o último reencontro. A arqueologia de um passado que nunca passou. Reler o tempo, emergir, desencavar do fundo do peito tudo o que é ainda o mais repentinamente pleno, e mais imperceptivelmente pleno e verdadeiro. O que repentinamente ilumina e obscurece o seu futuro.

O reencontro com Ana começa a reconstituir os seus pedaços; através dela, ele começa a ver o que está despedaçado. Ela que, sem ele saber, dava realidade e sentido à falta a partir da qual ele vagava o mundo. O que dá sentido à sua busca é uma luz que lhe vem pelo sol dos outros.

Compreende-se a contemporaneidade como passagem e ultrapassagem: ser contemporâneo deixando de ser contemporâneo. Assumir o fragmentário, abandonar, romper, partir a unidade. Destruir modelos, desmartelar verdades. Sem garantias. A essência da passagem é ruptura, nunca chegar a um destino, nunca estar completa, nunca estar inteiramente revelada.

Nós passamos porque ainda procuramos o que somos, e porque o destino do que somos nós vamos construir ainda. E porque sabemos muito pouco de nós, fazemos o que mais sabemos fazer: procurar. O destino do que quer que chegue é ir embora depois para um lugar que ainda vai ser encontrado. E depois destruído.

Contemporaneidade se constitui, assim, do encontro com o destino do que passa e é ultrapassado. Pois o que passa só está passando porque é também potencialmente o que fica. O que é agora o mais longínquo é também potencialmente o que vai chegar. E aquilo cuja permanência é ser ultrapassado é potencialmente o que mais revela o sentido e o destino da contingência que somos.

Referências Bibliográficas

ARISTÓTELES. ***Ética a Nicômacos***. C. Fernandez. Los Filósofos Antiguos. Biblioteca de autores cristianos, Madrid, 1974.

PLATÃO. ***República***. C. Fernandez. Los Filósofos Antiguos. Biblioteca de autores cristianos, Madrid, 1974.

SARTRE, J.P. ***Les Mouches***. Paris, Gallimard, 1943.

SÓFOCLES. ***Tragédies de Sófocles. Électre***. Traduit du grec par M. Artaud. Paris, Charpentier, Libraire - Éditeur, 1845.

* Sobre o Autor

William Batista é professor de Ética e Filosofia na Universidade Santa Úrsula e Faculdades Bennett, mestre em Filosofia e doutorando em Comunicação e Cultura na Escola de Comunicação da UFRJ. Tem participado de muitos seminários, debates, cursos e congressos, tendo publicado vários trabalhos e ensaios.

ÉTICA, POLÍTICA E PSICANÁLISE

Muniz Sodré

COMUNICAÇÃO: CONJUNÇÃO-DISJUNÇÃO

Chaim Samuel Katz

DESEJO E ÉTICA

Fabio Lacombe

2

Ética, Política e Psicanálise

*Muniz Sodré**

Para a temática da ética e da política, nada mais pertinente do que começar com a anedota que, de Heráclito, relata Diógenes Laércio: "Mas, tendo-se retirado para o templo de Artemísia, jogava dados com a criança; e aos efésios, que se postaram em sua volta, disse: - Patifes, o que estão olhando, espantados? Ou não será melhor fazer isso do que fazer política com vocês?"[1] Não há nenhuma recusa de política verdadeira nesta história, mas, muito pelo contrário, uma incitação a que os "patifes" se dêem conta de que brincar com as crianças no templo, aproximando-se dos deuses e das fontes da ética comunitária, é restituir à política o vigor de sua originariedade.

O sentido dessa ética não está distante do da palavra muito antiga que designava o ato de morar, de se instalar num espaço, "ethos", tal como aparece, por exemplo, no fragmento "ethos anthropos daimon", de Heráclito. Trata-se de "to ethos" (com "eta" longo) e não de "to ethos" (com épsilon breve), que significa "costume", chamado pelos latinos "mos", "moris", de onde se origina a palavra "moral".

O fragmento de Heráclito já foi traduzido como "o caráter do homem é o seu deus ou o seu demônio". Outros propuseram, entretanto, traduções diferentes. Assim, J. P. Vernant: "Deus é a morada do homem." Introduz-se, aí, o sentido da morada, que tem a ver com o "eta" longo. Igualmente, Heidegger: "O homem mora nas imediações dos deuses." Isto quer dizer que o homem, enquanto atravessado pela vicissitude de seu desenvolvimento, pelo transe de sua origem e seu destino, relaciona-se radicalmente com a divindade, com o sagrado.

Em outras palavras, relaciona-se com uma ordem que o transcende, que o impede de auto-referenciar-se como ente no mundo. É assim que Sócrates escolhe morrer (não se defendendo perante o tribunal), para não desobedecer ao seu "daimon" (que se traduz melhor como "gênio", em vez de "demônio") que o mandava continuar falando ao povo. O imperativo transcende o indivíduo Sócrates, porque é ético, ou seja, implica uma localização de destino, um posicionamento "fatal" diante do outro.

Desse "ethos" vem o termo "Ethiké" (Ética), para designar o conjunto dos "nomoi" - regras e valores que dão forma à territorialização do indivíduo humano, que organizam, em vários níveis, a morada do grupo num determinado lugar, tentando determinar-lhe os objetos bons ou supremos, o Bem.

Ética distingue-se de "moral". Esta é também um conjunto de prescrições normativas, relativas à formação caracterial e à conduta dos indivíduos. A moral não pretende, como a Ética, tornar-se episteme, uma abordagem teórica, cujo objeto imediato seria os juízos de valor sobre as ações humanas tidas como boas ou más.

A separação entre as duas noções é especialmente estabelecida pelos pós-kantianos alemães, como Schelling, que, no entanto, colocam a Ética acima da moral. Para eles, a moral visa à personalidade individual, enquanto a Ética pressupõe uma "sociedade de seres morais". A Ética assegura a existência da personalidade no sujeito pela exigência que lhe faz. Essa exigência pode assumir uma intencionalidade subjetiva a que se dê o nome, como o fez a Modernidade, de moral. Mas a Moralidade (aquilo que Hegel chama de Sittlichkeit) está propriamente na esfera epistêmica da Ética.

Exemplo de uma regra/valor de morada é a que proíbe a coincidência da relação de parentesco com a relação de aliança (o incesto). Esta norma interditora dá conta de como o ascendente pluralizado (o grupo predetermina o lugar do filho, indicando-lhe o caminho do reconhecimento) torna possível a sua entrada na ordem simbólica. Para ser reconhecida e transformar-se em personalidade, a individualidade do sujeito deve submeter-se aos nomos de um ethos, isto é, tem de se definir como um valor de posição, um valor de lugar.

Tal valor pertence à Ética (hoje se diz: cultura), é constitutivo da forma institucional pela qual o sujeito tem a sua humanidade reconhecida pelo outro. Ele pode arraigar-se de tal modo na consciência do grupo que passa a ser percebido como natural - e a sua violação, claro, como antinatural.

No jogo do reconhecimento, vê-se, de um lado, o valor ético-institucional, que impõe obrigações (a pressão no sentido de se manter a integridade do grupo), e, do outro, a regra universal da linguagem (logos), que impõe o sistema das posições (o sistema lingüístico dos pronomes pessoais), pelo qual o indivíduo se oferece ao reconhecimento, entrando no jogo das obrigações.

Diante da originariedade da obrigação, indivíduo e grupo são a mesma coisa. Ética e linguagem, ethos e logos, juntam-se, portanto, no princípio fundador, na anterioridade vigente de um processo gerador de regras, de valores posicionais que se pode atribuir e simbolizar. É a identificação (com o pai) que permite ao sujeito a conquista da individualidade reconhecida pelo outro. Isso ocorre num processo descrito como um conjunto de operações fantasmáticas, cujos materiais permitem a construção do psiquismo dito sadio, das fantasias, das perversões, das neuroses e psicoses.

A Ética apresenta-se para o homem antigo como a regra do ascendente, do ancestral - esse pai que, mesmo morto, determina. Nas sociedades tradicionais ou arcaicas, o culto aos ancestrais responde pelo poder do pai morto. A Ética, enquanto discurso da autoridade ancestral, consubstancia a força do grupo. É sempre holística. Toda educação implica fundamentalmente uma ética, na medida em que se destina a organizar as finalidades e os objetos consensuais das pulsões individuais e coletivas, além de preencher funções mediadoras do pré-consciente.

Fica cada vez mais evidente, portanto, que Ética não é a ciência dos homens ou da moral, tal como se confundem os campos a partir da tradução latina (mos, moris). A confusão se explica, conforme comentário de Bergson: "Mores e moral, norma no sentido de constância e norma no sentido imperativo. A universalidade de fato e a universalidade de direito se exprimem quase do mesmo modo".[2] A indistinção passa ao senso comum na Modernidade, quando a Ética se confina à experiência da consciência individual ou, então, aos regulamentos especializados (deontologia) das corporações profissionais.

Ética é de fato uma ontologia, uma teoria do ser que, no interior da Filosofia, indaga sobre as finalidades da existência humana e sobre os meios para atingi-las. A rigor, a questão da Ética só se levanta no campo da Filosofia. A ética socrático-platônica centra-se na injunção de que temos de saber o que são formas como coragem, justiça, lei, governo, antes de ascendermos à cidadania plena. Ou seja, temos de determinar o Bem para nos empenharmos por ele. Donde a máxima socrática: "Virtude é conhecimento".

Para o pensamento grego, o conhecimento ético constitui uma episteme (ao passo que a retórica, por exemplo, é uma techné), propriamente uma ciência de como se deve agir. Em sua "Ética a Nicômaco", Aristóteles sustenta que os princípios éticos são descobertos indutivamente, examinando-se as opiniões e ações humanas, especialmente de homens bons. Os homens tornam-se bons, diz ele, pela educação, entendida como formação da personalidade do indivíduo por uma boa família numa boa cidade (polis). O Bem é o ponto para onde convergem todas as forças de ordenamento ou de ação certa da comunidade. A doutrina do Bem pelo justo meio pertence à Ética aristotélica.

Enquanto a Ética diz respeito ao lugar ontológico do homem, a Política refere-se ao governo dos homens pelo Estado e ao controle dos meios para se atingir um bem comum. A frase (de Aristóteles) "em toda ação vige o empenho por algum bem" fala de Ética, mas não necessariamente de Política, porque o "bem" implicado na ação política é de natureza particular, atravessado pelos desígnios do Estado e não pela morada radical do ser.

No entanto, a palavra "política" também se define pela idéia de "morar". "Polis" vem de "pelein", que tanto significa ser, vicejar, desabrochar, como "morar". Mas essa morada não se confunde com a da

Ética, porque diz respeito ao homem enquanto implicado numa situação contraditória (diante do Estado) em seu empenho de exercício, distribuição e delimitação do poder. Política pressupõe poder e contradição. Ética pressupõe autoridade (que é a ampliação da ordem fundadora) e consenso em torno dos fundamentos da existência. No âmbito da Ética, em vez de contradição, seria melhor falar de "conflito", que é o jogo agonístico das diferenças na ordem comunitária. Mas é preciso ter em mente que a Política se articula com a Ética, na medida em que o Estado se legitime por uma essencialidade comum, como no Estado romano.

Infere-se disso tudo que Ética é algo posto em relação com a comunidade, com o grupo. Para a maior parte dos pensadores sociais do século XIX, a idéia de comunidade é sustentada pela concepção de um compromisso "moral", entendido como uma "aspiração" original e civilizada. A moral, conceituada nesses termos civilizatórios por Bergson, faz exigências e impõe renúncias à consciência individual.

A força originária de criação da Psicanálise tem muito a ver com a da Ética, na medida em que investiga o sintoma do sujeito em relação com o "nomos" moral do grupo. O real do indivíduo moderno presen-tifica-se com a instância moral, aquela que se afirma contra o princípio do prazer. O conhecimento epistêmico e técnico dessa instância é reivindicado pela Psicanálise, com um projeto modernista. Assim, diz Lacan que "se Freud retoma as articulações lógicas silogísticas, que sempre foram exercidas pelos éticos no mesmo campo, é lhes dando um outro alcance".(3)

Esse "outro alcance" refere-se à intervenção que a Psicanálise realiza nas formas historicamente assumidas pela moral do grupo familiar com toda a complexidade psicológica dos tempos modernos. Todas as pulsões ou afecções ligadas às relações parentais, ao poder patriarcal, ao ciúme, à inveja, aos mistérios da procriação ou da sexualidade interagem com forças sociais cristalizadas nas instituições, sob a égide da disciplina internalizada. Disciplina é a forma que o poder assume socialmente na ordem democrática, pós-Revolução Francesa, quando se criticam pelas armas os poderes do assujeitamento monárquico. A disciplina internalizada é propriamente a moral, isto é, a ética reduzida ao costume e adaptada à auto-regulação da consciência pelo sujeito da cidadania burguesa.

Na conjuntura histórica em que Freud intervém, os laços familiares começam a sofrer - em registros ainda não suficientemente inscritos na ordem da consciência dominante - abalos semelhantes aos sofridos pelas velhas comunidades (corporações, associações, Igreja, aldeias) nos séculos XVII e XVIII, quando se montaram os pressupostos simbólicos da Modernidade. As relações definidas por vínculos afetivos estreitos, seja no nível profissional ou simplesmente existencial, eram historicamente questionadas pela racionalidade moderna, que exaltava o "contrato social" celebrado pela vontade de indivíduos presumidamente autônomos, isolados, livres. O indivíduo freudiano é um ser dominado por uma teia consciente e inconsciente de pressões civilizatórias, mas que anseia por manifestar a sua liberdade particular.

Esse sujeito divisado por Freud na sociedade de sua época (vitoriana, moralista ferrenha) sempre existiu no interior de uma certa tradição do pensamento ocidental, como se tipifica em Thomas Hobbes (para quem o indivíduo é presa de afecções conscientes ou não) ou nas doutrinas éticas pós-kantianas.

O projeto clínico da Psicanálise é dar ou restituir à vida emocional do sujeito uma linha de liberdade e maturidade. Essa última não se entende como um inquestionável ponto de chegada moldado por uma ótica absolutamente "adulta", mas como uma capacidade de transformar simbolizações - petrificadas, paralisadas - com vistas à "compreensão" (racionalização e sentimento) das diferenças, tanto na vida psíquica do próprio sujeito afetado quanto dos outros, do grupo.

Uma Psicanálise persegue, portanto, a expressão amadurecida da vida pulsional do sujeito. Isto não significa que ela ataque necessariamente a repressão. A intervenção psicanalítica visa primeiro ao "recalcamento" - operação originária de constituição da consciência do sujeito, de sua humanização - para permitir ao indivíduo a assunção de uma identidade apta a lidar com as diferenças tanto em si mesmas (conflitos, fixação, traumas) como aquelas inscritas no corpo coletivo. Trata-se, assim, de chegar ao "ethos" que humaniza o sujeito.

Há, nessa pesquisa clínica sobre a ação presente do sujeito, um movimento semelhante ao da Ética, mas sem nenhuma formulação de juízos de valor. De fato, Freud jamais cogitou, como ressalta Lacan, "de identificar a um bem qualquer a adequação à realidade", considerando que a civilização já exige demais do indivíduo. A "ética" psicanalítica não visa ao restabelecimento da harmonia social, mas a um "retorno ao sentido da ação" (Lacan). Seja essa ação doentia ou normalizada, haverá sempre na perspectiva psicanalítica um sentido oculto a ser pesquisado. Por trás de cada signo do discurso, desenha-se uma significação à espera da luz que lhe será dada pela interpretação. E pouco importa à causa freudiana que seus críticos possam ver nessa compulsão interpretativa a presença daquela "consciência infeliz" que Nietzsche apontava como causa dos males ocidentais.

O trabalho ético da Psicanálise consiste, portanto, na reconstrução (num lugar específico, dito "psicanalítico" por força da teoria e da instituição) das condições de formação de uma cena originária (uma formação intermediária) em que se manifestam as coisas vividas e ouvidas pelo indivíduo a partir de seus ancestrais (pais, avós, parentes), de vez que constituem grupalmente o sujeito. Essa cena originária recebe o nome de "fantasma" - algo capaz de produzir efeitos de dominação sobre a consciência do sujeito. Na reconstrução analítica, a realidade psíquica do fantasma pode ser compreendida e, eventualmente, neutralizada.

A "compreensão" e a "neutralização" inscrevem-se num empenho ético, apenas investido de uma teoria da causalidade psíquica. Ou seja, vai-se buscar na infância do sujeito, ou mesmo antes de seu nascimento (no inconsciente familial), as raízes do problema, sempre fixadas no "ethos" humanizador do sujeito.

O empenho é colocar o indivíduo livre frente às afecções que o tiranizam. A liberdade representa um ganho, um progresso para o sujeito - "o progresso não é para escravos", proclama Nietzsche. Libertar-se de qualquer amo, seja psíquico ou social, é propriamente "progredir".

A liberdade, por outro lado, não é uma idiotia, uma ação de singularidade ilimitada, mas a expressão de um singular que se admite regido por forças delimitantes, por marcas de comunidade, de grupo. Liberdade é, assim, o reconhecimento do empenho que se tem em viver.

A liberdade faz-se quase sempre contra a metafísica, introjetada na consciência do sujeito. A crítica radical da metafísica faz aparecer, de uma maneira ou de outra, a Ética. Quando Marx critica a metafísica do valor entronizada pela economia política burguesa, desenha-se no horizonte do sujeito a revolução como um imperativo ético - e assim reaparece o mito na História. Quando Freud critica a metafísica da consciência, aparecem também as indicações éticas de liberdade para o sujeito submetido às afecções civilizatórias, que podem ser vistas como injunções todo-poderosas do valor burguês. E se faz também um parêntese (de natureza mítica) na biografia histórica do sujeito.

A Psicanálise implica uma crítica ao valor burguês, cristalizado no sujeito, da consciência. Sua posição ética é de desmistificação do poder instituído pela consciência, tanto ao nível das relações políticas (poder de Estado) como ao nível das relações familiais e intersubjetivas. Ética, neste caso, só pode ser entendida em seu sentido originário - e não no sentido da deontologia profissional - e que provoca um posicionamento no registro da força de realização ou da espontaneidade de vida. O "bem" por que se empenharia o projeto psicanalítico com horizontes comunitários (e não restritivamente corporativos) é a "vida em liberdade", quer dizer, a vida em luta mais ou menos consciente com as afecções que dominam o psiquismo do sujeito.

Por isso, a Psicanálise não poderia ser hoje equacionada pura e simplesmente como "ciência", pelo menos enquanto esta se defina como intervenção ética; a Psicanálise obriga-se também à crítica da própria razão, na medida em que o indivíduo investigado resulta do aproveitamento racional de algumas forças da realidade, e a razão aparece como força suprema que gera a consciência individual. É conhecida a crítica nietzschiana ao "homem meridiano", aquele que só vê a claridade (a transparência racionalista da consciência). Nesse mesmo movimento, inscreva-se a clínica psicanalítica.

Com seus esquemas heurísticos (bases interpretativas, teorias) distantes da prática operativa contida nos modelos do fazer científico contemporâneo, a Psicanálise não recai também no fazer político (e não pode, conseqüentemente, ser deduzida de parâmetros políticos), porque seu horizonte de ação não é o sujeito em face do poder de Estado. No entanto, ela é institucionalmente atravessada pelo fato político, tanto no que diz respeito às suas organizações profissionais quanto no que se refere às suas eventuais posições de confronto com o poder de Estado, a que obriga às vezes o imperativo de coerência ética.

De fato, se a Ética originária procede a política como instância reguladora da crise no grupo, na Modernidade ela só aparece dentro do círculo discursivo da política. É preciso entrar no círculo para ultrapassá-lo (ou seja, é preciso reencontrar a comunidade, que funda a Ética, no espaço social): não entrar é incorrer no voluntarismo das intenções puras, não ultrapassar seria evitar a dificuldade da singularidade psicanalítica, que tem efetivamente a ver com a crítica (filosófica e emocional) da metafísica da consciência.

Não é demais acentuar que a crítica ética instaurada pela clínica psicanalítica é singular (irredutível ao pensamento puramente filosófico ou ao científico), precisamente porque é "clínica", ou seja, é uma "inclinação" afetiva sobre o outro. Não pode dar-se nela a recusa de "sentir" que define a racionalidade de tipo filosófica. Se a Ética grega era uma "episteme", a Ética psicanalítica, no interior de uma relação clínica, é basicamente "techné" (conhecimento, arte, caminho). Quanto à medida do poder nesse processo, seria preciso interrogar institucionalmente as associações de profissionais de Psicanálise, seus critérios de formação e sua atuação clínica. Do ponto de vista ético, uma sessão psicanalítica bem poderia ter como modelo a mítica rolagem da pedra por Sísifo: é preciso que, a cada vez, o terapeuta se constitua como poder, mas, rolando no discurso, extermine-se como "outro" político da fala.

Resume-se a lição de Freud: de um lado, a luta política contra o aspecto estático das instituições (os códigos profissionais, a organização familial, os aparatos de guerra); de outro, a desconstrução do discurso que encobre o polimorfismo existencial possível para o sujeito. Essa desconstrução apela para a dimensão ética, assim como a crise da metafísica evoca inapelavelmente a questão filosófica da Ética.

Referências Bibliográficas

(1) Cf. Carneiro Leão, Emmanuel, in ***Heráclito e a Aprendizagem do Pensamento***. Apostila acadêmica, 1990.

(2) Bergson, H. ***As Duas Fontes da Moral e da Religião***. p.103. Zahar.

(3) Lacan, ***L'Ethique de la Psychanalyse***. Livre VII, p.39. Seuil.

* Sobre o Autor

Muniz Sodré de Araujo Cabral é professor titular da Escola de Comunicação da UFRJ, jornalista e escritor de sucesso. Domina várias áreas das Ciências Sociais e Humanas, tendo sido Diretor da ECO e Coordenador de pós-graduação, responsável pela implantação do Curso de Doutorado na ECO-UFRJ. Tem publicados cerca de duas dezenas de livros didáticos, acadêmicos e também de literatura e ficção, além de ensaios e artigos, no Brasil e no exterior.

Comunicação: Conjunção-Disjunção

Chaim Samuel Katz *

Quando se fala em comunicação, a primeira idéia, genérica e errônea, é de que se trata de um significante mestre, que abriria as portas para pensar todas as possibilidades do humano. Para se inserir na esfera do assujeitamento, para estar no regime de sujeito, os elementos que ali se põem devem estar subjacentes, se inscreverem ou serem inscritos num sistema que obriga permutações regulares; e estas poderiam ser transmitidas, comunicadas, pois se remeteriam mutuamente. Tal sistema de regularidades é construído enquanto conjunto homogêneo, equilibrado e unitário. Ou seja, os elementos que ali podem participar têm que se transformar de acordo com as leis que regem o sistema de comunicação, e para isto devem se tornar em unidades sistêmicas, passíveis de troca.

Tal é o destino da quase totalidade dos sistemas de comunicação, que intentam uma experiência impossível de articular consistência e completude. Votados à unitariedade, propõem novas articulações lógicas que possam sustentar a totalidade do que precisam incluir. Naturalmente que tal lógica só pode ser inclusiva, sem o que o sistema desmoronaria ou, ao menos, fracassaria enquanto intenção de completude. Tornam-se máquinas de inclusão universal ou universalizante, desde sua pretensão de abarcar não apenas seus próprios campos pertinentes, como quaisquer elementos que deveriam ou poderiam se inscrever em campos diferenciados.

Exemplo

Tome-se uma pequena indicação de um sábio que nos importa. No seu conhecido livro publicado originalmente em 1949 (e já pronto desde 1947), o antropólogo Lévi-Strauss pretendeu mostrar como os humanos se casam de acordo com certas leis bastante genéricas e restritas.[1] Assim, acreditou ter chegado, pela postulação da universalidade da troca e do dom, a um sistema de comunicação inclusivo do fazer-se família, resolvendo sua estrutura subjacente, única possível a colocar o humano em circulação e comunicação. Pouco depois perguntava se era possível ir além:

> "É possível ir mais longe? Alargando a noção de comunicação para nela incluir a exogamia e as regras que decorrem da proibição do incesto, podemos, em compensação, lançar algumas luzes sobre o problema sempre misterioso: o da origem da linguagem".[2]

Ora, tendo que explicitar um fundamento para a Cultura, e tendo a Lingüística como ciência fundamental para pensar uma teoria geral da Comunicação, ele proporá que o humano se tornou possível por seu assujeitamento a três estruturas básicas de comunicação:

> "as regras de parentesco e matrimônio [que] servem para assegurar a comunicação de mulheres entre os grupos, como as regras econômicas garantem a comunicação de bens e serviços, e as regras lingüísticas, a comunicação de mensagens".[3]

Contudo, na segunda edição deste seu livro sobre as estruturas de parentesco, ele se dá conta de que o que fundamentava sua teoria da Comunicação era um corte radical entre natureza e cultura, que ele agora não mais aceita. Que tais reinos não existem com a independência que ele admitira anteriormente (Lucrécio já mostrara, vigorosamente, que inexiste a natureza), e que havia que repensar suas formulações anteriores.[4]

Assim, independente do que as novas teorizações experimentam fazer com o teorema de Gödel, nos saberes acerca do humano e do social não há formalização capaz de articular consistência e completude. O que temos aprendido é que isto não se valida desde a necessidade ou o desejo de fazer de um caso isolado um elemento que se enquadre no campo geral do saber ou da comunicação.

Gostaria, como exemplo rigoroso disto, de apresentar um ligeiro acompanhamento de um texto que muito interessa.[5]

O Texto Outro

A idéia é apresentar "A Pulsão Anarquista", um texto da Nathalie Zaltzman; gostaria de lembrar que ele não foi escrito para ser um livro, apesar de sua coerência, exaustão e rigor, mas para postular através do exame intenso de um caso clínico o que não pode ser abordado por teorizações universalizantes ou, se me permitem a expressão, demasiado universalizantes.[6] Devo chamar a atenção para o fato de a autora ter se desinteressado deste seu escrito, não o desenvolvendo.

Para o que nos interessa aqui, será preciso pensar vários "níveis diferenciais" de comunicação, que constituirão um material que deverá ser considerado para a elaboração de uma teoria aberta da Comunicação.

Vou falar um pouco do caso, dizendo primeiro o que a autora - que não segue numa linha dita mais ortodoxa ou na direção estrutural - não quer, e depois o que que ela quer.

Um Caso Clínico

Trata-se de uma mulher com cerca de 50 anos, a quem ela vai chamar de Sofia. Sofia em grego quer dizer sabedoria. Todos conhecemos a palavra filosofia: o amor à sabedoria, assim como teosofia o amor a Deus.

Ela apelida essa moça de Sofia; Sofia é de ascendência judaica, o que Zaltzman não elabora, mas que pontuarei adiante. Sofia é filha de um casal que tem uma certa peculiaridade que Zaltzman marca durante o relato da análise: esse casal não se casou regularmente. O escrito não explicita como, mas imagino que seja um casamento registrado apenas no religioso. Posteriormente se casou pela segunda vez, num casamento juridicamente válido.

Acontece que Sofia nasceu antes dos pais terem se registrado oficialmente, e ela só tem uma certidão - a do casamento dos pais do segundo casamento. A certidão do primeiro casamento ela não tem. Isto marca uma certa "importância" que vai nos interessar aqui, porque há um não-reconhecimento de sua origem.

Uma das questões da Psicanálise para qualquer caso clínico - não que se pergunte diretamente - é a seguinte: como é que o sujeito analisando questiona ou deixa de questionar a sua origem? Quem sou eu? Quem foram meus pais? Eu fui gostado? Eles me reconheceram?

Os psicanalistas encontramos nos nossos consultórios inúmeras pessoas que se perguntam sobre o que são as impressões que elas tinham na infância de que não eram filhos legítimos; e agora, na análise, têm o "direito" de perguntar se isso é verdade. O que isso é transferencialmente não será nossa questão agora, mas tem uma implicação que nós podemos argüir a respeito da filiação por referência também ao próprio analista.

Outra coisa é que Sofia já havia feito uma análise, nos moldes tradicionais, edipianos. Veremos o contraste existente por referência à proposição inteiramente nova da Zaltzman, que impõe outro nível de comunicação, tanto entre analista e analisando, como das proposições discursivas entre si. Este "inteiramente" que eu queria marcar é o seguinte: ela tem várias proposições que todos conhecemos - eu vou trazer dois exemplos similares aqui - mas o modo de organizar é "inteiramente" original, e do meu ponto de vista "inteiramente" importante. Eu diria mais do que isso: é imprescindível conhecer esse texto, como eu o desenvolvo, para se conhecerem não apenas os casos similares, mas para se pensar o que é a Psicanálise hoje em dia.

História Clínica de Sofia

Trata-se de uma mulher que tem alguns filhos; a autora não nomeia quantos, mas mais de três, pelo que se pode ler.

Por referência aos pais: a mãe é uma pessoa tradicional, uma senhora doméstica, enquanto o pai é um "bon vivant". É um boêmio que declara suas aventuras abertamente, e que está quase sempre longe do lar; Sofia sente bastante a ausência desse pai. Enquanto a mãe está sempre em casa, é um ponto sedentário, o pai é uma linha nômade. Essa expressão percorre o tempo todo esse trabalho: a questão do nomadismo e do ser nômade estão permanentemente emergindo no relato, e vão nos remeter a questões não cerradas a respeito da comunicação e da teoria da Comunicação.

Sofia já tinha uma filha quando nasce o segundo filho, e é esse filho que vai importar nesse ensaio.

Sua relação com o marido não é de fidelidade tradicional, pois Sofia teve muitas aventuras antes e durante o casamento. Ela continua casada e encontra no marido um ponto de suporte, uma espécie de âncora e ele é o que poderíamos chamar de um companheiro para ela. Quanto às suas aventuras, em nenhum momento escutamos uma aventura especial, um caso amoroso que a tivesse marcado fortemente. Ela precisa se aventurar amorosamente; mas não que se aventure e fique com alguém especificamente; tem um marido muito atencioso, muito cuidadoso, e necessita disto também. Mas Sofia procura aventuras o tempo todo, e o que Zaltzman indica, é que no nascimento do filho David - e aqui ela faz um ato falho ao não dizer que vai chamar o menino de David: ela diz David, que provavelmente é seu nome verdadeiro - algo acontece com Sofia.

Sofia vai ter outros filhos depois, mas David é o segundo filho e o primeiro homem. Quando ele nasce, ela marca por referência a David alguma coisa muito especial, que se refere à grande admiração e identificação para com o pai. Essa aventura, sua errância - viagens, travessias e travessuras - são marcadas como identificações com o pai. Há aqui uma afirmação de Zaltzman de alguma coisa que ela já conhece: de que David, de algum modo, seria o filho chamado incestuoso. Sofia, uma mulher na errância, tem um filho com seu próprio pai (e a literatura psicanalítica nos dá numerosos exemplos disto).

Acontece que por volta dos vinte anos de idade, esse filho que é tão importante para ela, que é o sentido principal da sua vida, contrai leucemia e tem dois tipos de condenação: vai morrer, e é internado e isolado num hospital, sendo cortado assim todo seu acesso com Sofia. Ela não pode mais ver David. Espera-se a morte de David e a intermediação dele com a mãe é feita pelos médicos, já que David, desde que ficou doente, se recusa a ver Sofia. Ele experimenta se livrar da hiperproteção desta mãe errante, que percorre o mundo um pouco como o pai dela e que se ancora psiquicamente neste filho.

Doença e internação produzem dois pontos: o primeiro é que ela não pode vê-lo e por isso entra em desespero, porque trata-se de alguém que lida permanentemente com a morte. Já veremos a importância disso para a clínica. O segundo ponto é que é David - que não é a personagem da Nathalie Zaltzman - quem se recusa a ver a mãe.

Antes de morrer fisiologicamente, ele morre simbolicamente para Sofia, a quem não quer ver.

Considerações Paralelas

PRIMEIRA - O filho mais importante para Sofia vai morrer. Os outros não têm tanta importância para ela, e é por isso que se coloca na análise se o analisando em questão teve essa importância para seus próprios pais. Refiro-me a algo que perpassa pelo menos os grupos sociais que analisamos, ou o grupo onde nós mesmos nos formamos. Pois segundo outros, tratar-se-ia de um fantasma ou uma fantasia universal; mas o entendo como uma questão inconsciente possibilitada no nosso grupo, e minha experiência clínica com favelas e na Clínica Social de Psicanálise mostrou isto vigorosamente.

SEGUNDA - Deve-se lembrar que quando essa análise foi realizada, por volta de 1978, presumivelmente, a leucemia era mortal na França. A partir de 1980, na própria França, foi desenvolvido um método de implantação de medula, que diminuiu de maneira expressiva os casos mortais da doença. A dramaticidade com que Zaltzman escreve esse ensaio não é provavelmente a mesma com que ela escreveria hoje, em 1994. Essa doença de David naquela época nos remete à questão de uma morte muito iminente, que hoje não faria o mesmo sentido para quem é francês e tem recursos financeiros.

Com a recusa de David em ver Sofia, ela se perde na sua articulação psíquica mais equilibrada, porque se, provavelmente, ele aceitasse vê-la um pouco mais suavemente, talvez ela não precisasse procurar uma re-análise para poder "colocar" essas questões.

Zaltzman faz uma observação de que Sofia sempre esperava que David tivesse um filho, ou seja, um neto. Curiosamente é uma coisa que ela não explora, mas, na sua genealogia de parentesco, David também é uma espécie de marido de Sofia que vai lhe dar finalmente o verdadeiro filho: que é o filho errante do pai. David nasce imaginariamente da errância desse pai, e a certeza dela é que se David sobrevivesse e pudesse ter um filho, ele se salvaria. É um pouco ter um filho com o próprio filho, o que implica também na "salvação" da própria Sofia.

Isso vai nos fazer pensar a respeito da universalidade das fantasias inconscientes e dos modos de comunicação. Quando estudamos a questão das fantasias, somos sempre remetidos e restritos a três ou, no máximo, quatro fantasias originárias: da cena primária, da castração, da sedução, e uma quarta que Férenczi postulou, que é o retorno ao útero materno.

Seriam essas as quatro fantasias, mas nós estamos vendo surgir aqui pelo menos uma fantasia diferente, que é essa fantasia de engravidar com o pai e com o filho, que Freud já havia observado e que Melanie Klein desenvolveu com muito vigor.

Tal argumentação se observa em Sofia, que precisará de uma complementaridade, pois suas relações de parentesco não vão se sustentar nas proibições que regem o nível de geração. Isso vai colocar a Psicanálise em movimento. Em vez de ser uma coisa muito estática, equilibrada - quero enfatizar como se transforma a "estrutura" de parentesco, quando se coloca o elemento geração em andamento (geração no sentido de etapas familiares: avô, pai, filho etc). O neto vai significar para ela não só a vida de David, mas também um filho que ela quer ter com esse que encarna para ela a possibilidade de ficar viva. Esta sim, a maior aventura amorosa.

A questão que Zaltzman suscita é de que todos os fatos que diriam respeito a uma análise edípica se remetem a uma história-narrativa, que permitirá ao analista construir uma espécie de mito, que é o que em geral se aprende com a Psicanálise tradicional. Ou seja, se estabelece uma conivência - institucional e subconsciente - entre analista e analisando, no interior da regularidade requerida por um código comum: fala-se no interior de expectativas delineadas. E o "complexo de Édipo" é o cerne desta linguagem "comum".

Existe algo que se organiza edipicamente, com regularidades que se reproduzem permanentemente. Porém, o que fazer com narrativas de diarréias aos dois meses de idade ou difterias aos oito meses? O psicanalista tradicional espera o momento adequado de colocá-las numa forma de comunicação normativa. Mas como a maioria dos colegas estuda em Escolas de Psicologia e quase todos vêem telenovelas, então a tendência é fazer historietas. Historietas articuladas em torno apenas do registro equilibrado, onde os fatos se explicam mutuamente, se remetem com univocidade desde a fundamentação de um complexo central que os organiza. Fatos que não geram acontecimentos, mas, ao contrário, os impedem. Fatos que se tornarão, por sua vez, através da transferência, a verdade a ser comunicada pelo analisando.

O grande problema é que as historietas matam a Psicanálise. A Psicanálise não é feita de historietas, e sim para quebrar as historietas, para desmenti-las. Para fazer outros universos, onde o cosmos não é absoluto, pois ele tem que se haver permanentemente com o caos ou os caos, que o assediam e constituem.

Duas Narrativas

PRIMEIRA: Um psicanalista deixa, pela quinta vez no ano, o rádio com a bandeja dentro do seu carro. Num certo momento, à noitinha, ele se dá conta do fato. Neste momento, sua analisanda está atrasada, como ele por referência ao rádio, e ele pensa em retirar o rádio do carro; esta idéia é logo substituída por outra, de que a analisanda pode chegar agorinha e se aborrecer com sua ausência, e ele desiste de buscar o tal rádio. Neste pensa-pensa, chega a analisanda, que vai-se embora alguns muito minutos depois. Então, ele se decide ir até o carro. Foi exatamente o tempo para ter pela quinta vez o vidro do carro quebrado e o rádio roubado.

O analista verifica o carro, e volta a trabalhar; e a sua outra analisanda, que observou os vidros no chão da rua do consultório, se queixa que agora, frente aos problemas reais do analista, os seus problemas psíquicos e suas dores deixaram de ser importantes para o psicanalista, reclamando intensamente da sua falta de atenção e de amor. Se o psicanalista expõe no chão salpicado de vidros uma preocupação maior para a analisanda, é isto que ele deve considerar.

Esse episódio tem duas pontas: numa, a analisanda que diz que suas desgraças são maiores que um vidro quebrado e um rádio roubado, e se queixa da desatenção do analista. Noutra está o analista, rindo do assunto "vidro quebrado, rádio roubado", porque ele sabia que, por sua "imprudência", tudo aquilo iria acontecer, já que este fato se repetia todos os anos. Ele precisa da imprudência, da exposição a perdas e perigos. E que tais incidentes são bastante mais suaves diante dos que ele viveu anteriormente, por exemplo, quando de sua "exposição" nas lutas políticas do país dominado por uma ditadura.

No registro consciente, esse analista não é nenhum "inconsciente". Já elaborou bastante essa questão, e sabe que precisa de um incidente desses, para que rompa com uma organização que ele vive como excessiva. Sua vida é muito boa, num certo regime de acontecimentos: é bastante bem-sucedido, estuda gostosamente e é reconhecido profissionalmente, escreve muito e prazerosamente, publica bastante, tem muitos analisandos e uma vida bastante boa, mora bem. Isso, aliado às suas dúvidas permanentes de produção de pensamento, sua necessidade de expandir seu mundo vivencial, é meio insuportável. Então, o truque é se expor - agora menos do que antes - fazer com que um vidro inteiro de um carro se quebre, especialmente à noite, para que não possa ser substituído. Por aí, já "corre o risco" do carro ser roubado, e isso mobiliza a pessoa de quem estamos falando num sentido muito bom: da disjunção, da desintegração. Trata-se de outro tipo de comunicação, disruptiva; é uma irrupção de acontecimentos, inteiramente distinta dos fatos, acontecimentos que não entram nas novelas da Globo. Não têm como terminar numa hora boa, nem fazer algum clímax provisório, por mais hábeis que sejam os roteiristas.

Nesse momento o analista ri. Porque ele se reencontra com o ser psicanalista, porque pode prestar atenção na queixa da analisanda, na medida em que acha que as "menoridades" que ela narra são importantes, porque ela, que é uma pessoa inteira/fraturada, dedica-se especialmente a fazer de sua vida um relato de vida, uma "Lebensgeschichte" coerente. E o psicanalista não quer nem pode participar da/na construção desta historieta, deste "mito individual da neurótica". E por isto suas próprias quebras o ajudam a escutá-la de modo mais efetivo ("wirkclich", um adjetivo e um modo especiais para Freud), mesmo quando a analisanda toma esta fratura mortiferamente.

É isso que nós vamos querer quebrar um pouco. O analista se dá conta do seguinte: pelo menos o vidro de seu carro tem que ser quebrado de vez em quando para ele ter de novo a mesma aventura, a mesma história diferente que é muito curiosa. Nesse momento ele se defronta com a pulsão de morte, fica novamente incomodado. O incômodo é pequeno, mas consegue tirá-lo, ao menos por alguns bons momentos, dessa coisa muito regular dos romances do século passado e das novelas contemporâneas de televisão. Trata-se de uma compulsão à repetição diferencial, que se não for criada leva à inanição psíquica.

SEGUNDA: Trata-se de uma analisanda minha, e tem um aspecto que diz respeito a mim. O que aparece com essa pessoa vem de um modo muito trágico, mas não dramático. Nada acontece, e ao mesmo tempo acontece tudo. Vejamos.

Essa pessoa está grávida, depois de terminar uma relação na qual depositava a esperança de ter um filho. Seu primeiro parceiro lhe disse que ela não é a pessoa com a qual ele quer ter filhos. Ela sai da cidade em que morava e engravida, "sem querer", numa aventura amorosa. Sua procura de análise é para perguntar o que fazer: tira ou fica com a criança? Mas o problema não é ficar ou tirar, e sim se ela morre ou fica viva.

Como ela pode se organizar em torno disso? Como entra em análise, resolve bancar a gravidez, e vai ficando grávida dentro da análise, o que é bastante diferente da gravidez fisiológica.

Ela vem numa sessão e diz que teve um sonho, do qual não se lembra; mas chora muito por causa de um episódio: seu gato está com uma ferida na cabeça, e a infecção aumenta muito. O medo dela é que a ferida do gato seja uma doença muito séria e que possa afetar o bebê. Por isso ela vai fazer uma ultra-sonografia, coisa que a levará a se perguntar acerca do que até então não tinha tido a curiosidade de saber: sobre a saúde do bebê, o sexo do bebê etc. Depois de "o gato", ela se preocupa com isso.

Acontece que eu sou Katz - e isto é tão evidente, mas como nós trabalhamos com a pulsão de morte, eu não interpreto neste momento - o gato que vai alastrar sua ferida, que a ameaça, e ela vai ter que se cuidar, sem mim e comigo, simultaneamente. Mas, agora, a vida de seu bebê fará questão, não será mais apenas uma decisão a respeito de quem é o pai da criança, mas se o bebê e ela devem viver, e como.

Comparando com o caso Sofia, assim em algumas linhas, é até bastante parecido, só que a tragédia ainda não está tão posta, o caso está começando, mas desde logo as interpretações edípica ou conjuntiva não prometem nada. O que chama a atenção é que a analisanda pôde sair um pouco da questão da morte, através da vivência da pulsão de morte.

Qual a diferença? A diferença é que enquanto na linha de um certo pensamento de Lacan - hoje o nome mais prestigiado da Psicanálise - vai-se pensar que a Necessidade é capturada pelo Desejo, no que desenvolvo aqui nós não temos uma separação radical entre o que é Necessidade e o que é Desejo; e que o humano, na sua singularidade ou no seu assujeitamento, é tomado por uma questão que o faz perguntar, permanentemente, uma questão que não é posta nos cursos de Psicanálise, e sim nos cursos decentes de Filosofia, através da obra de um Spinoza: o que que pode um corpo? Pois o corpo traz questões que obrigam o psiquismo, que o chamam para suas fronteiras, questões que escapam de pretensas estruturas universalizantes.

O mínimo que sabemos é o seguinte: que um corpo goza. Nós olhamos numa sala e vemos quem é que nos interessa e quem não nos interessa. Interessa para quê? Não interessa para quê? Com quem nós podemos nos encontrar com as mãos? Com a cabeça? Com o peito? Com e sem os órgãos? Com quem nós podemos nos encontrar saindo da mirada?

Essas são questões que desinteressaram, porque uma certa metafísica abstrainte tomou conta da Psicanálise e colocou todas suas questões sob a dominância de uma tal de uma ordem do desejo, onde o sujeito só vira necessitado porque deseja. Só existiria a pulsão porque ela tem uma inscrição prévia na ordem do desejo; e seria só por isto que a pulsão vai fazer efeito no sujeito, porque o sujeito é objeto da captura de um desejo, que é o desejo dos pais, da família e do nome que lhe é dado. São esses três registros que constituem o Grande Outro (o "Autre"): a diferença sexual, a nomeação e a estrutura do parentesco.

A linha que seguimos é inteiramente diferente. Há uma Necessidade que chama o sujeito para a desagregação, a dissociação; para a proximidade sempre da ruptura e da morte, para ter que passar certos limites, mesmo que esses limites sejam um pouco como uma piada: quebrar um vidro de um carro para se sentir, desorganizando-se, morrendo, alguém que pode viver intensamente. Contudo, as piadas, fora da Semiologia, falam de uma densidade que se escuta nos limites do que constitui o humano...

O analista escuta a fala vazia, a "Gerede", e é o que mais lhe importa, pois ela escapa da comunicação que concebemos habitualmente. Não se destina a procurar um campo prévio de significação, um conjunto de elementos estruturados já dados, cuja organização definiria o que se espera de um "bom" analisando. Há que se dirigir ao mundo da Necessidade, que escapa à captura desejante; ou que instala um desejo restrito, longe do campo geral da significação. Um dos caminhos para isto é escutar e examinar as experiências-limite, que é uma noção que se encontra lindamente elaborada na obra de Maurice Blanchot.(7) Este advertiu que a Psicanálise pode fugir dos alvos propostos por sua teorização:

> "A 'comunicação psicanalítica' é o mais freqüentemente (na sua forma ainda predominante) concebida em termos de poder, e a fala que assegura é o poder de falar nas condições normais de uma sociedade determinada. De modo que a Psicanálise, que se torna neste caso uma instituição, arrisca, queira-o ou não, de servir às formas institucionais que, historicamente, detêm sozinhas a fala".(8)

Com a fala, como lembram os estóicos e Nietzsche, o homem "dança sobre e acima de todas as coisas". Se a fala vazia não chega a objeto de uma lógica, ela remete sempre ao ponto de uma expressão não-comunicacional, bem como de uma experiência sensível, que devem ser escutadas.

Lembraria um forte exemplo de fala vazia, mas sem a qual inexistiria o humano, pelo menos como o conhecemos hoje: aquela que se dá entre a mãe e seu filho-bebê, sons sem fúria, ditos agressivos e corporificantes, que prometem-comprometem as afirmações psíquicas dos dois participantes, para sempre. Comunicação sem significantes, mas quando inexistente, perturbadora dos psiquismos.

Vou remeter a alguns casos psicanalíticos, que não precisam ser os casos clínicos de consultório. A Psicanálise não é unicamente feita no consultório, ela é filha do consultório também.

O que tem uma importância fundamental para nós é o que não se submete a uma origem, que se manifesta pela afirmação. Então, devemos prestar atenção no que é um campo de concentração, pensando o que é o "étos" para quem mora lá dentro. O que é uma prisão para quem está preso, etc. Temos prestado atenção apenas no "étos" (com "e"), que para os gregos diz relação, costume, comportamento; enquanto para os gregos, homofonicamente, "étos", com éta, diz a moradia. É assim que um helenista brasileiro traduz o fragmento 119 de Heráclito:

"A morada ("ethos") do homem, o extraordinário".[(9)]

Ou como o traduz Vernant, "o caráter do homem é o seu dáimon" e, inseparavelmente, "o dáimon é o caráter do homem". O livro de Blanchot é excelente para que possamos escutar isso um pouco próximo de nós, na nossa contemporaneidade, nas nossas situações-limite, porque nos ajuda a entender que a necessidade não se liga indissoluvelmente ao biológico.

Nathalie Zaltzman se põe na escuta também porque ela é judia; ecos de alguma coisa de sua morte própria se fazem no ensaio. Pela sua idade e por sua origem "racial" (foi assim que os nazistas classificaram os judeus) e européia, deve ter algum parente que foi morto na Europa, o que tem algo a ver com o fato de ela prestar atenção nisso. Não significa que só quem tem parentes mortos preste atenção; só que, para os judeus europeus da geração da dominância nazista, não há como escapar disto. Mas eu gostaria de trazer isso para o reino da Necessidade, como ela ensina; e pensar que um pensamento se insepara de sua necessidade: diferentemente do Desejo "puro" de Hegel e Lacan, da "Begierde", há outras "experiências inumanas" que constituem indissoluvelmente o humano.

Freud

Nós vamos atravessar aqui dois textos do Freud, e deve-se dar inteira razão a Jacques Alain Miller quando ele fala da incoerência de Freud, que não constrói a Psicanálise com a lógica matêmica([a]) que Miller acredita ser sua "essência".[(10)] Para o humano-inumano, aprende-se com quem examina o pensamento desde suas incoerências, que não procura apenas lógicas paraconsistentes, mas afirma intensidades não logicizáveis. Freud, Marx, Hölderlin, Nietzsche, Foucault, Lacan, Deleuze e tantos outros: quem seria capaz de estudá-los unicamente por sua coerência? O pensamento tem pensares que a Lógica nem suspeita. Não é a incoerência que funda o pensamento, mas pode o pensar se fazer sem suas disrupções?

Vamos atravessar alguns pontos de Freud e mostrar a sua incoerência, que não se conflitua com o pensamento, mas que o ajuda a se constituir. Vou me deter apenas nas citações freudianas que Zaltzman aponta no seu ensaio.(11)

Freud, no seu "Totem e Tabu", diz que só existe vida social porque em algum momento um grupo de filhos ou irmãos se juntou, matou o pai que detinha o poder (antes, os filhos não podiam transar com a mãe e nem podiam comer a comida do pai). Matam o pai, comem a comida proibida - que é o corpo próprio do pai - comem as mulheres do pai e vão dormir. Acordam nascidos no inconsciente, porque lhes surgiram culpa e vergonha. E é "isso", diz Freud, o que constitui o inconsciente. O inconsciente nasceria reconhecendo o outro imediatamente: o outro do pai, que é esse lugar onde se inaugura o nome do pai, e não mais sua figura; e o outro dos irmãos da aliança - porque esse lugar do pai nunca mais vai poder ser ocupado. Ou porque, diriam os leitores de Kojéve–Hegel, é o outro quem possiblita a constituição do próprio.

Essa é a leitura edípica mais importante que nós conhecemos: a necessidade de ter que matar o pai, o pai se tornar unicamente um nome porque o lugar dele não pode mais ser ocupado. Quando o "topos" é ocupado, quem o ocupa não reconhece a alteridade - casos do psicótico e perverso.

Seria apenas isto que Freud nos ensinou? Vamos examinar uma das citações do Freud, que nada têm a ver com o Freud mais "edípico".

A citação é de um texto de 1923, "O Problema Econômico do Masoquismo":

> "A libido encontra nos seres vivos (pluricelulares) a pulsão de morte ou de destruição que neles", nos seres vivos, "é dominante e que tende a decompor este ser celular..."

Freud se pergunta: qual o processo para a libido (libido aqui entendida como a energia que vai se organizar depois enquanto pulsão sexual)? Todo ser celular se subdivide; então, ele não mantém mais sua unidade corporal. Freud vai dizer que é um tal processo tendente à volta ao inorgânico que a libido encontra. Há uma tarefa do ser vivo se auto-destruir: quando me transformo em dois corpos iguais, estou me destruindo.

Voltando à citação: "Cabe-lhe, portanto, a tarefa de tornar inofensiva esta pulsão destruidora", essa pulsão que é da ordem da necessidade está no corpo, "e ela se desobriga orientando-se em direção aos objetos do exterior". Ela, então, se chamaria pulsão de destruição, pulsão de dominação, vontade de poder. A esta união das pulsões corresponderá, sob certas influências, uma desunião delas. Ainda não sabemos qual a importância dos elementos das pulsões de morte e que escapam a este domínio realizado pela ligação aos aportes libidinais.

Estamos seguindo "O Problema Econômico do Masoquismo" e vamos continuar com "O Mal Estar na Cultura", mas antes temos que meditar sobre um comentário de Natalie Zaltzman:

> "Todo laço libidinal, por mais respeitoso que seja, comporta uma intenção de posse, que anula a alteridade. A intenção de Eros

é de anexação, incluindo até o direito do outro viver a seu modo" (p. 63).

Encontramo-nos aqui com um Freud bem diferente do Freud conjuntivo de "Totem e Tabu". Ambos são importantes, mas vamos ficar com as disjunções de Freud.

Percebemos que temos três passos, e eu queria chamar atenção porque nós vamos ter que fazer isso com delicadeza. Através de um caso vamos instalar aqui uma pequena teoria: não universalizante, mas muito importante.

Freud está ensinando assim: tem uma coisa chamada corpo, e o corpo tem essa tendência aqui. Essa tendência do corpo vai de encontro a quê? A alguma coisa que o humano tem de diferente que é a libido, a pulsão sexual. Esse é o primeiro passo com Freud.

Isto é coerente com um outro pensamento de Freud: a libido vai ter que tomar o corpo e, ao invés de ficar só no corpo, vai ter que procurar objetos. Se não for assim, o que pode acontecer? Se ela se colar no corpo, ficando apenas no reino da necessidade, se a tendência da libido for simétrica ou isométrica à tendência disruptiva dos corpos "simples", se ela se recortar junto com o corpo, vai destruir esse corpo. A medicina psicossomática "começa" exatamente aqui.

Todo laço libidinal não procura só um outro; o que ocorre é que freqüentemente tomamos o outro como ponto de referência, mas eu queria lembrar que, neste pensamento, o melhor de Freud é onde ele pode ser pulsional, quando postula a vontade de domínio, de se apoderar do outro. É a pulsão de domínio ("Bemächtigungstrieb"), a pulsão de aprisionamento que Freud diz marcar especialmente os obsessivos, mas que todo mundo expressa. Significa: eu quero ter o outro para incorporá-lo, para possuí-lo.

Gostaria de lembrar que por aí estamos longe da noção lacaniana de pulsão. Estamos mais próximos da noção de instinto kleiniano: o sujeito quer destruir alguém pelo simples fato de querer destruir e, em segundo lugar, porque ele cresce. Destruindo um outro, se cresce: "o que não me aniquila, me faz crescer", dizia Nietzsche (ou "o que não mata, engorda", sabe-se em Minas Gerais). Aqui não estamos no reino da incorporação da alteridade enquanto cuidado com os outros, mas de uma luta, um "pólemos" permanente.

Sofia

Ela não fala que Sofia quer possuir David; mas sabe-se da pulsão de morte, que é bem diferente desse desejo de chegar lá e matar David. Ela precisa matar David de um outro modo; o filho sabe disso, e Zaltzman indicará que a doença de David lhe serve também para ele fugir de Sofia. Até que ponto "se faz" uma leucemia para escapar da mãe é uma outra questão (trata-se, para mim, de uma interpretação bruta e violenta, que os psicanalistas não devem fazer). Só fiz a indicação, porque teoricamente nos é importante. Numa aula de psicossomática isso é tranqüilamente assimilável.

De Volta a Freud

Vamos passar para o terceiro ponto, que diz respeito ao "O Mal Estar na Cultura". Esse Freud não é muito lido por outros pensadores, mas ele nos interessa:

> "Não parece que se possa conduzir o homem, por quaisquer meios que sejam, a trocar sua natureza por aquela de uma térmita, ele se inclinará sempre à defesa de seu direito à liberdade individual contra a da massa".

Isso indica uma questão principal acerca do estatuto do "outro" enquanto constitutivo necessário do próprio, do "Selbst", "áuton". Fim do primado da alteridade, da constituição do Grande Outro que "me" daria a homogeneidade pela pertinência à linguagem homogeneizadora, que diria: "eu sou igual porque nasci na linguagem". Na verdade, eu sou igual aos outros porque eu quero "afirmar" a minha individualidade e postular minhas singularidades.(12)

Em 1920, Freud escreve um livro chamado "Psicologia das Massas e Análise do Eu". Ele termina o capítulo IX com uma brincadeira-trocadilho: seria o homem um animal de massa? Ele diz que não, e fala do homem como um animal gregário e como um animal de horda, e chega à conclusão de que o homem é um animal de horda, e que não consegue ultrapassá-la (a sua horda). O mecanismo que os homens têm para ultrapassar tal posição é a fabricação do que chama de ideais do eu, que, em 1923, ele vai denominar como super eu, e que diz respeito à identificação: com esse lugar vazio do pai que nunca mais pode ser ocupado, mas que é ocupado por uma referência no interior da linguagem, onde cada um se remete ao outro. Por isso precisa do outro:

> "o humano é um animal de rebanho ("Herdentier"), deve ser corrigido, que é muito mais um animal de horda ("Herdentier"), um indivíduo pertencente a uma horda conduzida por um superior".(13)

Nesse texto, onde não se coloca com a virulência e o pessimismo que se escutam no "Mal Estar", Freud afirma que o homem é um animal que precisa destruir o outro para poder se afirmar. Há uma evidente incongruência de Freud, mas eu acho que sem isso não há Psicanálise, na medida em que ela ficaria num sistema fechado, muito bem acabado, mas falso. O que ele postula diz respeito à afirmação das pulsões e à multiplicidade das singularidades. Freud não apenas o postulou, como sofreu muito com seu pensamento, porque esse sistema pessimista não é nem coerente nem completo.

Elementos Para Ajudar a Leitura do Caso Sofia

Vamos fazer três abordagens. A primeira é quando Freud fala sobre o que aprendemos com os animais, que destroem seu próprio corpo. Spinoza diz que a morte não vem de dentro. Ser "bom" é ser afetado de uma maneira mais rica e o "mal" é uma restrição de encontros:

"um corpo pode induzir as partes de meu corpo a entrarem em nova relação que não é necessariamente ou imediatamente compatível com minha relação característica: é o que se passa na morte. Se bem que inevitável e necessária, a morte é sempre o encontro fortuito extrínseco, encontro com um corpo que destrói minha relação".[14]

Se o homem ficasse no nível da necessidade, ele se destruiria. Ele faria qualquer coisa menos querer mais prazer. A libido entra para fazer a luta com o corpo, procurando-lhe outras relações.

Vê-se como o corpo tem uma importância enorme na análise freudiana, mas que ele não pode ser reduzido, jamais, aos seus aspectos fisiológicos. Aqui se postula uma relação do corpo com a libido muito esquisita, porque ao mesmo tempo não tem libido sem o corpo. Nesse sentido, se o corpo erógeno não tivesse libido, ele se destruiria. Isso indica que todo corpo erógeno tem dentro de si a necessidade de se auto-destruir, pois procura sua expansão permanente. Assim, a pulsão de morte da qual estamos falando não é uma exceção, mas constituinte do corpo erógeno.

Estamos falando de um caso forte - como nesses dois outros exemplos que apresentei - onde podemos aprender isso com violência. Esse amor que quer engolir o outro de qualquer maneira, quer crescer pela inclusão do outro: só assim há sujeito, mesmo que ele não deseje universalmente, como queria um certo Hegel.

O que estamos aprendendo aqui, é que se o indivíduo fica "apenas" no reino da necessidade, ele se destruiria, desde que a libido não poderia se infletir nele; mas o que postulo é que a necessidade não faz seqüência cronológica com o regime do desejo. Mesmo quando ela se organiza precariamente, como nos exemplos que indiquei e continuarei a indicar, ninguém fica "colado narcisicamente" no regime da necessidade. Da perspectiva do que se denomina "o político da teoria", os efeitos de uma tal produção são inteiramente totalitários (e repugnantes).

"É preciso se dar conta do estatuto que o outro recebe aqui". Essa é uma tese freudiana, e que já não é tão conhecida; através dos psicanalistas estruturais sempre se privilegia a tese do "Outro", da necessidade absoluta do Outro. Como se verá agora.

Lacan - Teoria do Espelho

Vamos falar aqui só do "lugar da mãe" ("função" é uma expressão de Leclaire, e tem outras características teóricas), como se verifica na obra lacaniana..

Num certo momento entre seis e oito meses de idade, o eu antecipa no "outro" o que se prenuncia ou o antecipa como eu: o eu ideal. Nessa idéia de espelho, nesse momento, nasce ou se possibilita a emergência do desejo. Então, sem o Outro, o eu não desejaria; o "eu" nem começaria a desejar. Aqui a pulsão só vai existir nesse momento, onde em se vendo diante da mãe ou do espelho, produz uma "Gestalt", e por aí vai se dar uma antecipação do "eu". É através dessa imagem que se constrói uma primeira imagem do seu próprio corpo.

Lacan vai dizer que é uma imagem tão vigorosa que o sujeito nunca mais se livra dela. Por mais esforços e análises que faça, essa imagem vai ser o que vai antecipar o sujeito para sempre. Ele só vai poder se construir enquanto sujeito, um eu desejante, em torno dessa imagem. Nesse modelo, o outro ganha um papel heróico, e uma maiúscula para caracterizá-lo. O Outro é o lugar da feitura da linguagem, da construção do sujeito, etc.

Muito bem. Contudo, falta nesta teoria um lugar para o "acontecimento". Pois o eu ideal constituído no "encontro especular" constrói, concomitantemente, seus objetos, que se delimitam no campo da necessidade. Se isto não se considera assim, voltamos ao mundo das idéias platônicas, onde o Outro é o gerador único possível da constituição das subjetividades, sua Lei, o Bem Supremo. Onde as Idéias pré-existem aos sujeitos, que só fariam reproduzi-las, bem ou mal, mas agindo unicamente como reprodutores. Haverá que pensar um momento sem imaginário, mas que constitui o humano e o sujeito, permanentemente.[15]

Voltando a Freud

O que aprendemos com Freud é que o outro nos é necessário "também" para que o comamos em todos os sentidos que vocês queiram. Nós temos que mastigá-lo, matá-lo. É disto que estamos tratando aqui, e vamos ter inúmeros exemplos que sustentam isso.

No exemplo do gato: "é preciso que o filho que eu estou esperando seja contaminado pelo gato que está com uma ferida na cabeça e eu ainda não retirei o gato de minha casa". Por quê? Se fosse um colega psicólogo, ou meio apressado - um sofredor imediato das angústias do cotidiano - ele indicaria a contradição: porque você não pega o gato e o expulsa de casa e resolve a situação? Mas acontece que se afastar da figuração não resolve a questão da pulsão de morte. A questão que a pulsão de morte coloca é que o outro está aí também para ser morto.

Freud, em "Psicologia das Massas e Análise do Eu", diz que o outro tem para o "eu" quatro movimentos: objeto, modelo, opositor e "ajudador". Enquanto opositor, "Gegner", ele procura fagocitar ou destruir o "eu". Nessa época, Freud já enfrenta o questionamento de Férenczi, se dentro da linguagem nos constituímos para fazer grandes organizações que cresçam indefinidamente ou se encontramos também a destruição. Pouco depois Férenczi escreve que o eu da criança insiste no registro de uma linguagem - que ele chama linguagem da ternura - e se encontra com a linguagem da paixão, que quer incorporar. A criança que faz uma pergunta sem resposta possível - pois se faz em outro regime de comunicação - e o adulto que quer comer a criança, integrar o sentido da pergunta no campo da significação - em todos os sentidos que vocês queiram imaginar, quer fagocitar essa criança. É isto que Freud coloca: o "outro" enquanto aquilo que precisa ser destruído.

Experiências- Limite

No livro de William Styron, "A Escolha de Sofia", uma mulher, na sua entrada num campo de concentração, obrigada por um oficial nazista, tem que escolher qual dos seus dois filhos - um menino e uma menina - deverá morrer. Esse exemplo é para lembrar o que é o "outro" nessa situação. Nestas condições, temos que elaborar teoricamente a questão da morte como incisiva, e que tem situações onde ela nos é trazida insistentemente e mais de perto. Vamos falar disso tendo como referência o que Blanchot chama de experiências-limite, e que aparece nesse caso da Zaltzman que estamos trabalhando.

Num certo pensamento kleiniano, o "outro" foi constituído enquanto oposição dialética: ele é bom, ele é ruim, cisionado, e o que o analista deve "permitir" é a diminuição de sua distância. Enquanto o que aponto, com Freud, é que "conjunção e disjunção se afirmam concomitantemente", e nem têm que se opor. O que afirmo é que estamos próximos de uma experiência onde o bom e o ruim não se encontram: para além do bem e do mal. Eles são radicalmente separados, convergem, e por vezes não há mistura, possibilidade de encontro.

No caso da Zaltzman, não vai adiantar uma análise edípica: "você quer ter um filho do seu pai para poder ser"; "você ficou com seu marido porque ele se identifica com a sua mãe"; "sua mãe sempre ficou na casa, ela era uma boa sedentária enquanto o seu pai era um nômade"; e outras similares. Zaltzman dirá, num determinado momento, que nenhuma dessas interpretações acrescentaria algo a Sofia:

> "Poder-se-ia pensar que a análise deste laço no registro do incesto seria suficiente para servir a esta liberação. Parece que na análise precedente, ela se ocupara bastante disto, mas que este registro de interpretação edipiana, privilegiando exclusivamente a dimensão libidinal, ignorando os produtos da pulsão de morte, contribuíra sobretudo para impedir a liberação destas para o cômputo de sua própria história".

Há que liberar a pulsão de morte. Se só se mostram "construtivismos", fabrica-se algo no sujeito, mas deixa-se de lado a "autarcia da compulsão à repetição", postulada por Freud. Tecnicamente, não se trata apenas de "mitfühlen", de "sentir-com-o-outro", postulado por Férenczi. Há que "mitwandern", "nomadear-com-o-outro", acompanhá-lo nas suas errâncias. O nomadear com é que faz o "setting" e a comunicação possíveis. Quando o psicanalista do "métron", quer da "IPA" - que experimenta "fixar" o analisando através de interpretações edípicas previamente organizadas - ou "estrutural", da "Escola da Causa", indicando-lhe a porta de saída após uma antecipação numa sessão lógica de 5 minutos, nenhum consegue escutar suas derivas nem modalidades.

Voltando a Freud, immer.

Para Freud não tem nenhum corpo que se preserve sem a libido. A tendência de todo corpo é caminhar para aquilo que o desorganiza. Essa é a noção mínima de pulsão de morte.

Essa idéia vem das críticas que Freud fez das concepções de A. Weismann, um biólogo do século passado. Ele afirmava que os seres vivos se constituem de duas modalidades diferentes: germe e soma. O soma seria extensão individual e sujeito à morte; enquanto o germe é uma potência imortal (sob certas condições favoráveis, explica Freud), aquilo que se chamaria espécie, enquanto o germe seria o recorte. Assim, o homem, enquanto germe também estaria, parcialmente, voltado à morte, diz Freud.[16]

A teoria de Freud, tomando esse caminho, vai dizer que se uma forma viva se recortasse sempre por referência ao germe, não sobreviveria como indivíduo. E o que nós vemos? Cada um quer ter a posse do outro, e por isso o desejo é pulsionalmente ilimitado. O "eu" experimenta a morte do outro para poder crescer.

Freud volta a esta questão, de modo distinto, em "O Mal Estar na Cultura". Dirá que cada indivíduo quer se afirmar diferenciadamente da massa. Para uma leitura logicamente coerente, como a do próprio Freud em "Totem e Tabu", a massa existe como substituição à horda. Ou seja, desapareceriam os indivíduos para a assunção dos assujeitados. Mas Freud afirma que o que acontece é que o indivíduo vai ter que se opor à massa; nem sempre o indivíduo se fará massa, através dos ideais do eu. Freud abrirá outras vias para se pensarem as temporalidades psíquicas e não uma unidade temporal que marcaria o inconsciente humano, "nachträglich", a posteriori.

Que encontro homogeneizador é esse quando, numa prisão, se tortura o sujeito até morrer, ou num campo de concentração quando o sujeito que não pode mais trabalhar tem que morrer? O que é isso? Ou no caso de Sofia, o que é esse filho que ela toma para se libidinizar enquanto alguém que tem que morrer fisiologicamente para que ela viva intensamente, especialmente suas dores e impotência?

O que temos aqui aponta também para o horror, ou, como quer Burke, para o terror.[17] Porque essa história não-novelizada lida por esse viés, deixa de ser um "caso bonito", parcial e cortante, sem totalizações possíveis, mas que se faz no interior de uma teoria rigorosa (e não exata).

Algumas Dificuldades

Quando se observa o escrito de Zaltzman, vê-se que é meio difícil de se atravessar. Não é uma dificuldade pela inteligência, é uma dificuldade pelos níveis que ele tem e que não dá para fechar numa história. Se fechar não existe a pulsão de morte: só se pode encontrar a pulsão de morte dentro da pulsão de morte. Não se pode fazer um romance desse caso. Quem faz um romance disso aqui, está fora da pulsão de morte. Fica muito bom para um resuminho, mas aqui uma coisa não vai dar para colar com a outra, e nós vamos ter que engolir: maldade, ruptura, e não explicações até um certo limite.

Quando um analista no consultório - analisando edipicamente - coloca as coisas no lugar previamente estabelecido teoricamente, esbarra ao menos numa questão: como colocar no lugar aquilo que por definição não pode ser posto no lugar? Como falar com o corpo próprio sem ter acesso a ele? Qual o acesso que "eu" tenho ao reino da "minha" necessidade? Falo com e através da libido. Eu falo através das representações; de como a libido através da pulsão sexual vai se organizando de uma maneira ou de outra. Mas existem alguns lugares onde o corpo emerge e quer falar comigo; e "eu" não tenho como falar nesses lugares.

Quando se fala da tragédia do Édipo seria preciso que pensássemos o que é tragédia. Édipo, por exemplo, é tragédia para os gregos, para nós já não é mais, pois perdemos "habitualmente" a dimensão do que é tragédia. Os gregos a conheciam ao vivo, e era uma coisa muito dilacerante. Para nós virou uma coisa quase que só semiológica, objeto de comunicação. Pensamos a tragédia; ainda sabemos vivê-la?

"Não compreendo que possamos permanecer cegos à ubiqüidade da agressividade e da destruição "não erotizadas" e negligenciar a atribuição do lugar que elas merecem na interpretação dos fenômenos da vida", diz "O Mal Estar na Cultura". Na história da libido, não há como casá-la com as pulsões de agressão, que são uma deflexão da pulsão de morte, e que são independentes.

O Caso Lucy

Tomemos o caso Lucy, sem nos determos nos argumentos teóricos. Lucy diz a Freud que ou não sente cheiro, ou sente cheiro ruim (de pudim queimado). Freud descobre que no dia em que estava deixando o pudim queimar, ela estava recebendo uma carta da sua mãe, aconselhando-a a não sair da casa onde ela trabalhava como preceptora de duas crianças, filhas de um viúvo por quem ela se apaixonara. Era seu aniversário, e no momento em que ela lia a carta, queima o pudim, seu "bolo de festa". Esse foi um dos motivos do seu sintoma.

O outro foi causado pela visita do gerente da fábrica do seu patrão, e que beijou as crianças. Por relação ao cheiro, ele fumava um charuto fedorento; quando o gerente sai, o pai das crianças a repreende por ela ter deixado o sujeito beijar as crianças.

Aqui nós temos a história da ausência de cheiro (anosmia) e a presença do cheiro ruim (cacosmia). Freud diz que isso só pode ser explicado pela paixão que Lucy tinha por seu patrão viúvo. E que agora que ela já "sabia" disto, podia ir adiante. Como pensa Freud?

A palavra técnica que Freud desenvolve é que as representações de Lucy estão deslocadas no sistema, postas fora de lugar, estão soltas. É preciso enlaçá-las ("binden"), colocá-las em estado de conjunção ("Bindung"). No primeiro Freud, é encontrar aquilo que está ausente - a lembrança do cheiro do pudim queimado, a história do cheiro do charuto, etc - botar essas representações num lugar correto e conjuntá-las a esse todo de representações. A idéia é a de que lhes dando o verdadeiro lugar conjuntivo, cessaria o sintoma.

Mas Freud usará posteriormente uma outra expressão: disjunção ou desligamento, "Entbindung". Ele vai se dar conta que existe, mesmo no registro das representações, aquilo que não é ligável e toda vez que há uma ligação tem que ter "também" desligamento. Comunicação só se faz inscrita disjuntivamente. Os psicanalistas da contemporaneidade temos que lidar também com os cheiros, o odor, que não se deixam explicitar num sistema de representações que os reduza e conjunte. Tal mecanismo também está na base da emergência teórica da pulsão de morte.

Voltando ao texto da Zaltzman:

> "Sobre sua posição fálica, sua inveja do pênis e seu filho-falo, ela já sabia bastante, até demais. Quero dizer que ela usava esse tipo de auto-interpretação como defesa ao trabalho em andamento".

Ou num outro exemplo, para saber que existem níveis em Freud que não dá para conjuntar:

> "Os habituais pares carrasco/vítima, mestre/escravo, agressor/identificado-com-agressor são tão derrisórios na captação da natureza das relações entre as forças destrutivas e a luta contra essas forças, como são derrisórias nesse universo as categorias morais de uma sociedade ordinária".

O que está apontado aqui é: De que lugar nós falamos? Falamos "normalmente" de uma sociedade onde todos se repetem; de conjunções daquilo que é compatível, do que entrou no lugar do outro incompatível. Mas, do que aprendemos até aqui: adiante tal comunicação, que segue apenas os enlaçamentos, as regularidades de um (pressuposto) sistema?

Sobre a Obra de Freud

Quando Freud começou a escrever a sua obra, ele se dava conta de que nós somos animais que representamos; e que existem humanos, como os histéricos, que não podendo manter uma representação adequada dentro de um sistema de representações, colocam uma representação inadequada ali. Freud pensa que o trabalho do analista é conjuntar as representações inadequadas no sistema, o que permitiria uma comunicação verdadeira.

Veja-se o exemplo do caso Lucy: O que é o pudim? Ele não diz respeito ao que queimou, mas sim o que queimou dentro de Lucy. É a paixão que queima dentro dela. É outra coisa que está pegando fogo. Nós temos as metáforas para falar que os jovens estão pegando fogo... Freud dirá que é preciso que peguemos os capítulos daquilo que ele próprio denominava "Lebensgeschichte", a biografia: "estou apaixonada por alguém que jamais me amará", "minha mulher fugiu com outro", "mamãe me batia muito", etc. Aquilo que se narra ao analista para perfazer um mito individual significativo.

Freud vai narrar toda essa história e construir uma teoria. Isso não é novidade para nós, está no "Livro dos Sonhos", na "Psicopatologia", no livro dos "Chistes", etc. Mas tem situações que ele também conta, mas que não elabora teoricamente nos seus escritos públicos. É o que ele chama de acontecimento.

Acontecimento

"Geschehnis": o que se afirma por si, que insiste e persiste, que persevera. Que se apresenta no presente e não se deixa reduzir a um sistema explicativo; ou que se cria no presente ao se colocar ao mesmo tempo com outro acontecimento. Que, aceitando a expansão dos outros acontecimentos, afirma suas rupturas e transgressões com eles. O que faz sentido, mas não se destina a ser inscrito num campo unitário de significação. Ou seja, o que se afirmando faz-se agora e não como restuitição de um campo já dado comunicacionalmente. O que estabelece o novo e não a descoberta. O que, por isto mesmo, não visa a profundidade e nem a interpretação, mas a superfície e o deslizamento sobre seus vários modos de expressão. O que visa a positivações insistentes. O que não se dirige para fazer uma idéia ou um "mundo das Idéias".

Freud só pode trabalhar os acontecimentos depois que anunciou a questão da pulsão de morte. Até então ele só pensava em formas organizadas, como elas eram compatíveis entre si, e qual era a lógica delas. Eram formas sempre plenas, fechadas, mesmo que menores - Freud não era ambicioso de fazer totalizações - mas sempre fechadas, casos clínicos cerrados, etc.

Só posteriormente ele vai se dar conta que faltava o "acontecimento" a essa postulação teórica. Esses acontecimentos só existem como sentido, não se condensam e não se deslocam. Não chamam necessariamente pelo outro para se perfazerem, não realizam desejo, não são superdeterminados, mas passam, brisa que acaricia ou aborrece...

Aí temos outra teorização, que só é possível quando nos damos conta de questões parecidas com essa, que num desses registros é o chamado para o sujeito simplesmente viver. Como se aprende com os relatos dos prisioneiros de campos de extermínio, o indivíduo só "quer" uma coisa na vida: viver. Ele não tem valores (moral) em certas situações de necessidade; ele não tem, de modo organizado, isso que nós chamamos de ética. Seu ponto de partida ético é ter apenas que permanecer vivo, ficar íntegro. Vê-se como tal campo ético de necessidade pouco tem a ver com a sobrevivência fisiológica.

É sobre isso que podemos moldar o caso. Até agora eu estava pintando a Sofia da pior maneira possível: uma mãe cruel que pega (!) um filho e faz dele um falo (filho falo). Este filho está no desejo de morte dela, e vai fazê-la viver porque ela quer ter um filho com esse filho, que já é, ele próprio, um filho com o pai de Sofia. Na história edípica é um pouco por aí. Sofia, então, aparece como uma espécie de vilã, e o analista teria que mostrar para ela que ela é ruim, que ela mata, que come esse filho.

Recapitulando, nessa abordagem Sofia aparece como perversa. Alguém que mata, incorpora o outro e destrói, a fim de ficar intacta. Mas, toda essa interpretação se situa no campo normativo da comunicação, onde as mensagens têm que se destinar ao Outro. E que ignora o que postulei antes. O resultado "final" de uma tal comunicação é que o indivíduo sabe muito sobre si próprio e não sai de seu lugar estabelecido significativamente.

Os Estruturalismos

Karl Popper afirma que a Psicanálise não admite erros nas suas interpretações. É como no conhecido exemplo da denegação ("Verneinung") em Freud: se o sujeito diz que não está pensando na mãe o analista vai dizer que é nela que ele está pensando. Sempre a algum "não", se opõe um "sim". Para uma certa teorização influenciada por Hegel, haveria sempre um "sim essencial", que diria respeito à "existência" afirmativa de um predicado, e não a suas atribuições. É o que Hyppolite e Lacan chamam da "Bejahung", um sim que inaugura a cadeia do simbólico, desta comunicação sem vazios ou negatividades.[18] Pois a "Verneinung" não seria um negativo, "mas é exatamente o que se opõe à "Bejahung" primária e constitui como tal o que é expulso".[19] Essa é a famosa teorização a respeito do inconsciente pleno: ele é sempre positivamente enunciante. Pega-se a formulação de Freud de que não existe negação no inconsciente, e se faz do inconsciente um afirmador positivo permanente, máquina de comunicação universalizante, funcionando à moda da Linguagem. Em suma, não haveria negativo enquanto afirmação, pois o inconsciente, "estruturado como linguagem", ocuparia todos os "topoi" possíveis do fazer-se sujeito.

Popper diz, baseado em Gödel, que um saber só pode ser considerado verdadeiro quando não se puderem construir nele todas suas verdades. Neste sentido, a Psicanálise não seria um saber verdadeiro, porque tudo que nela se expressa é sem negativas, na medida em que a negatividade seria um resto da estruturação do inconsciente enquanto sistema completo.

Num de seus escritos, Miller diz que Lacan segue o princípio da razão suficiente de Leibniz, afirmando que "tudo tem uma causa".[20] Para Lacan, tudo tem uma causa.

Princípio da Razão Suficiente

Por relação a Leibniz, esse é o chamado princípio da razão suficiente. Vejamos um trecho do próprio Leibniz, citado em um de meus escritos.

"Existem dois grandes princípios do nosso raciocínio: um é o princípio de contradição...; o outro é o princípio da razão suficiente: é que nada acontece sem que haja uma causa, ou ao menos uma razão determinante, ou seja, que possa servir para dar razão a priori do porque isto é existente mais do que é não existente; e porque isso é assim mais do que outro modo".[21]

Se tudo tem uma causa, tudo o que o analista enuncia é verdadeiro. Ele pode fazê-lo explicitamente dizendo que o que você acabou de falar tem uma causa "x", através de frases assim: o senhor ou a senhora quando eram pequenos... na sua infância tiveram tal experiência... quiseram fazer isso ao senhor, ou à senhora... seu pai isso... sua mãe aquilo, etc e tal. Ou com essas várias interpretações que nós já conhecemos muito por aí. Ou estruturalmente, antecipando o "que o analisando ainda vai saber", sendo assim não apenas o "sujeito suposto saber", mas o próprio sujeito que sabe, que conhece a "estrutura psíquica" de seu analisando.

Se tudo tem uma causa, tudo está suportado pelo princípio da razão suficiente. O efeito não existindo por si, tudo o que existe é um efeito; logo, "a interpretação do analista se torna a causa". Esta Psicanálise totalizante - seu conceito de Falta obriga uma totalidade "aberta" - pouco tem a ver com o que estamos desenvolvendo aqui. Nela a Comunicação é cerrada, dada desde sempre, na estrutura psíquica já-dada, e na interpretação causante do psicanalista. Estou tentando mostrar que o princípio da razão suficiente é insuficiente para a Psicanálise.

Como Escrever

Algo que chama atenção de alguns é este modo pulsional de apresentar o caso. Onde uma certa desordenação e o acompanhamento rigoroso das falas e incomunicações do analisando têm mais importância do que as regularidades propostas aprioristicamente ou entendidas topologicamente. A questão é: como apresentar uma crítica ao princípio da razão suficiente, suficientemente? Como declamar uma poesia da mesma maneira que se lê uma receita de pastel de queijo? Para mim isso é uma questão, mas que não pode ainda ser discutida aqui.

Claudio Ulpiano, numa entrevista recente, afirmou que a Filosofia não resolve nada, ela coloca problemas. Na Psicanálise há que per-guntar: como falar de um campo pulsional, longe do equilíbrio, não constituindo regularidades, estabelecendo-o em linguagem morna. Lacan, por exemplo, nunca falou mornamente. Falava com calor. Devo marcar que é preciso que o tom seja esse: próximo da pulsão de morte.

Antes de retornar ao nosso tema, deve-se dizer que há alguma psicanálise similar à que Popper criticou. Mas que essa outra - eu deveria dizer "outras psicanálises" - não está sujeita a críticas do tipo popperiano.

Organizações Fora do Equilíbrio

É isso que Zaltzman está indicando:

"A "narrativa" das pulsões de morte no inconsciente "divide" suas figuras com o registro libidinal, mas as ordena diferentemente" (meu grifo).

As organizações de desejo deixam transparecer, além do princípio do prazer, a ossatura descarnada das organizações de necessidade. A exploração desse ordenamento diferente torna analisáveis como positividades a reação terapêutica negativa, o masoquismo primário, a compulsão à repetição para além do princípio do prazer.

Trata-se de pensar se podemos organizar clinicamente uma narrativa num registro das pulsões de morte, do mesmo modo como o fazemos quando a organizamos em torno do complexo da castração, a morte do pai, o lugar vazio, etc e tal. Um certo Freud estabeleceu essa psicanálise do Complexo de Édipo e das ordens libidinais que se ligam, que dizem respeito a organizações em equilíbrio: organizações dinâmicas, cujo tempo é reversível, cujos termos são permutáveis entre si.

O que se indica aqui são organizações fora do equilíbrio, onde os elementos estão em trajetória diferenciada, ou pelo menos bifurcada. A Física contemporânea sabe que as partículas atômicas se bifurcam, mas eu queria falar que em Psicanálise elas estariam mais do que bifurcadas: elas se nfurcam, se fazem em encruzilhadas as mais variadas.

Pela trajetória que fazemos até aqui, cabe a pergunta: podem-se ler as pulsões de morte com o mesmo instrumento teórico que tínhamos antes de descobrir a questão da compulsão à repetição enunciada no texto "Para Além do Princípio do Prazer"?

Divergência de Conceitos

Moustapha Safouan, que é lacaniano, faz uma crítica à chamada psicologia do eu e outra a Miller.[22] Ele adverte para duas leituras equivocadas: a primeira, é que não se pode ficar preso ao reino da necessidade, que para ele se equivale ao biológico; a segunda, é fazer a transferência desde o reino da abstração, que é o reino dos matemas. Afirma que Lacan se situa no reino do objeto pequeno a, e por aí essa dimensão não é nem a do reino da necessidade (que seria biológica), nem da abstração (que seria lógica).

De minha parte, postulo que não há nenhuma simetria, uma isometria, uma equivalência entre necessidade e biológico. Pude mostrar, com exemplos de Zaltzman e meus, que há uma extremação, onde o indivíduo será capturado numa ordem que está no reino da necessidade; mas que esta é inseparável da ordem do desejo ("Wunsch"), tal como foi postulado por Freud, a quem acompanho.

Esta outra noção de desejo, que Safouan segue, - o Desejo é o desejo do Outro - mesmo quando é importante, não é freudiana. Provém de uma leitura de um pensador russo emigrante, radicado na França, que teve discípulos ilustríssimos - entre os quais Lacan.[23] Kojeve postulou um Desejo que é importante para o registro onde se examina o sujeito já constituído. Mas não se trata do "Wunsch", do desejo estabelecido por Freud, e sim da "Begierde" de Hegel. É diferente das concepções de Freud. E na definição hegeliana-kojéviana, os reinos da necessidade e do desejo têm que ser radicalmente distinguidos (pois o "Desejo-Begierde" se funda nas vias do Espírito Absoluto), o que não ocorre com Freud.

O Conceito de Necessidade

O conceito de necessidade em Freud está colocado sem nenhuma elaboração maior no "Projeto". A palavra necessidade em alemão é Not; o conceito que Freud elabora é "Not das Lebens", necessidade da vida. E seus exemplos serão sempre em torno de duas necessidades: a fome e o sono.

Por que há que estudar com cuidado esses dois exemplos do Freud? Primeiro, porque seus exemplos são sempre rigorosos, e devem nos informar algo importante; em segundo, porque ele podia dar inúmeros outros exemplos, mas com esses dois ele já indica algo: uma necessidade onde se precisa do outro e outra onde não se precisa do outro.

Para que a criança precisa do outro? Para comer. A criança se não é alimentada pelo outro, morre. O outro exemplo é o do sono: não se precisa do outro. É claro que alguém poderia me interpelar dizendo que se precisa do outro para sonhar. Indico isso para quem quiser refletir, mas gostaria de dizer que temos que considerar outra articulação: "sonhamos o sonho".

Róheim diz que Freud na "Traumdeutung" explica o sonho de acordo com a produção simbólica: condensação, deslocamento, realização de desejo, superdeterminação imagética, mas que, tomando o sonho como mais um produto da realização simbólica, não explica a especificidade do sonhos. Mostra como se sonha em todos os grupos sociais, e que no sonho se apresenta um corpo, o corpo onírico, que não é simétrico ao corpo biológico. Que os sonhos expressam uma necessidade distinta, que não é desejante no sentido de ser tomada numa abstração universal, mas que diria respeito a este outro corpo que temos. Onde o imaginário também é secundário, e o mais importante é sonhar e poder estabelecer alguma comunicação inconsciente com os sonhos.[24]

Uma questão importante para continuar seria se indagar sobre as diferenças entre biológico e necessidade. O que se aprende é que, ao menos aparentemente, no biológico existiria uma grande marca de "inamovível", enquanto necessidade está sempre em movimento. Devo dizer que tal afirmação acerca do biológico é atualmente bastante precária, desde o que os teóricos contemporâneos da Biologia e da Genética têm nos mostrado acerca da autonomia e da auto-organização do vivente. Os psicanalistas estruturais inventaram uma Biologia que inexiste.

Freud, que não acreditava na inamobilidade do corpo humano, diz em "O Mal Estar Na Cultura":

"A libido vai se encontrar nos seres vivos com a pulsão de morte, e ela vai ter que tornar inofensiva essa pulsão destruidora. Aí ela se volta para os objetos de fora, mas ela não se volta de uma modo qualquer. Ela se volta enquanto pulsão de destruição, pulsão de apreensão ou dominação e vontade de poder".

Como já vimos anteriormente, ele se obrigará a rever a sua teoria que colocava o sadismo como um primeiro movimento pulsional, desde uma postulação "auto-organizacional", ou seja, dirá que o primeiro processo psíquico é o masoquismo, pois o corpo é "passível para receber", trata-se de uma atividade receptora que obrigará transformações. E o que primeiro se visará com os investimentos pulsionais será o encontro com o corpo próprio, com suas sensações de prazer-desprazer e seu onirismo. O narcisismo é uma deflexão do masoquismo primário.

Em "Para introduzir o Narcismo", Freud diz que o primeiro objeto das pulsões é o próprio corpo, e quando o auto-erotismo visa o próprio corpo ele faz uma nova operação, que ele denomina de narcisismo. Essa operação se dá porque ao mesmo tempo que é um novo processo, faz surgir um novo corpo, corpo narcísico, que não é mais o corpo disperso das pulsões, mas é um corpo já integrado (é o que Lacan postulará como eu ideal). Mas é preciso observar que a proposta de Freud preserva algo do "momento do encontro" que o "próprio" ("Selbst") tem, na medida em que ele se antecipa num outro corpo. Na leitura freudiana sobra alguma coisa que não se deixa organizar, mas que é fundamento das experiência "psíquicas": das "Ding", de que não falarei aqui.[(25)]

Retomando Freud e o Caso Sofia

Há uma pulsão de destruição, uma vontade da pulsão de domínio - "Bemächtigungstrieb", que segundo Freud caracteriza especialmente os obsessivos - e uma vontade de poder. Foi o que vimos no caso de Sofia. Ela precisa desse filho para poder - "dirigindo" as suas pulsões de morte - fazer com que ele viva, e que ela viva também, caso contrário ela vai ser um "algo" em estado de dispersão, na procura sempre de alguma coisa que ela não consegue ganhar, porque ela não está "o suficiente" nessa outra metade chamada construtiva - que a Psicanálise elaborou - que é o enlaçamento do aparelho psíquico.

Então é alguma coisa que é ou erótica diferenciada, ou que nem se deixa erotizar. Por exemplo, Freud toma em muitos escritos a pulsão de agressividade como desligada da libido. Ela emerge da libido e sai para destruir. Para quê? Para refazer a vida. Ela não sai para destruir o corpo do outro, ela sai para fazer um uso do outro para poder "se" suportar.

A Singularidade é Indestrutível

Toda vez que falamos em singularidade, a primeira imagem que nos aparece é a seguinte: singular é um fulano de tal, ou ainda, fulano de tal é singular. Mas uma tal imagem nocional não se refere a singular, e sim ao individual, ou talvez ao particular. O singular diz respeito à afirmação de uma certa organização num momento dado e que só vale para aquele momento único, e que depois não se repete. Quando um segundo singular se coloca, ele desloca o primeiro.

Essa noção de singularidade é muito importante para que se perceba sua diferença com o individual ou com o particular. Singularidades não remetem às profundidades, mas à superfície; têm um processo de autonomia, uma "lei" específica própria e, por isto, se caracterizam por momentos específicos, não entrando na ordem das sucessões:

> "as singularidades-acontecimentos correspondem a séries heterogêneas, que se organizam num sistema, nem estável nem instável, mas 'meta-estável', provido de uma energia potencial onde se distribuem as diferenças entre séries".[26]

Em Freud o que é infância? A infância é uma experiência pulsional-singular da qual as representações não dão conta. Quando ficamos adultos e vamos ao analista, ele diz: isto que sentes e relatas provém da sua infância, é uma repetição infantil, não é assim? Aquela libido estaria se "reproduzindo" agora com o mesmo movimento. Certo, talvez, no reino da significação. Mas "no singular não existe reprodução". O singular "está" agora, se apresenta, ele não se representa. Ele emerge agora e eu posso até ligá-lo, mas quando um psicanalista estabelece a ligação, ele postula um tempo contínuo e sua memória como testemunha da sucessão da mesma estrutura ou acontecimento estruturado.

"Enquanto acontecimento, o infantil é agora". Em que sentido ele é infantil? Como investimento pulsional. Ele não se inscreve e "não" se deixa inscrever "no e pelo" sistema de representações. Ele se fala no momento.

Exemplo

Vou dar um exemplo. "Eu" sou um estudioso, um escritor, um pesquisador interessado, etc e tal. Ao ouvir a voz do meu cantor preferido, ou admirar pela televisão os olhos de uma atriz da minha admiração... "eu" me perco, saio dos meus lugares "comuns", já estabelecidos como hábito. Quanto durou? Um milionésimo de segundo, mas o suficiente para fazer surgir em mim alguma coisa que emergiu naquele momento: o singular emerge pulsatilmente. Ele afeta, é recolhido dentro de um esquema que é organizado, e que está preparado para assimilá-lo, dentro de outros parâmetros, produz "também" outros afetos: "eu tenho vergonha do meu sentimento", "eu tenho culpa", "eu estou perdendo a minha potência de pensador porque estou me deixando levar por idéias distintas..."

Múltiplo e Um

O que acontece nesse momento e que é muito importante? O indivíduo, em boa parte dos escritos freudianos, é aquele que se assemelha à massa, se identifica com a massa através dos ideais do eu. É isso que Freud diz em "Totem e Tabu" e em parte na "Psicologia das Massas"...

Mas ele também vai chamar a atenção, no texto citado acima de "Mal Estar na Cultura", para o chamado momento contra o Um, onde o Um deixa de vigorar. No exemplo que dá, Freud diz que o homem não é uma formiga, não é uma térmita que obedece ao ideal do eu (tanto faz estar inscrito na marca genética ou biológica). Freud pensa numa outra ordem que não é desejante, é uma necessidade que pulsa; e neste momento o indivíduo quer sair da massa, ao ser solicitado por suas pulsões. E ele sai da massa, mesmo que depois o complexo de Édipo se apresente para solicitar ou obrigar a sua volta.

Freud não é nenhum inocente, nenhum ingênuo ultrapassado como muitos pensam: um neurofisiologista do século passado, ou um antecessor de um francês que começou a escrever depois e sabe tudo. Ele sabe mais do que todos esses reunidos, fora os próximos que virão. Mesmo em "Totem e Tabu", ele já aponta para um outro momento onde o sujeito destrói o um.

Pensando Uma Nova Teoria

Nathalie Zaltzman cita uma passagem de "O Mal Estar na Cultura":

> "Não compreendo que possamos permanecer cegos à "ubiqüidade" da agressividade e da destruição "não erotizadas" e negligenciar a atribuição do lugar que elas merecem na interpretação dos fenômenos da vida".

Ubíquo é o que está em todos os lugares. Édipo não está em todos os lugares: ou ele está na cama com mamãe, ou ele fica cego. Não pode ficar ao mesmo tempo na cama com mamãe e cego. Freud diz que há algo não erotizado na agressividade, na medida dessa apoderação do outro, na tentativa de destruição do outro.

Voltando ao caso, Zaltzman conta como Sofia só consegue um ponto ancorado de vida quando ela tenta amar-se, apoderando-se desse filho, cuidando-o permanentemente. Quer que ele se case e tenha um filho para ela; de algum modo é um filho dela com David, que já é um filho com o pai dela. Tudo isto já vimos. Mas sabemos também que isto é insuficiente, que o registro edípico não dá conta disto. Mas o filho capta isso inconscientemente e proíbe que ela vá vê-lo no hospital.

O que aparece aqui é uma outra ordem, que não é a que temos na leitura edípica - que também é importante. Essa leitura não a está eliminando, mas apresentando certas de suas insuficiências.

Nos dois exemplos que apresentei - sobre o analista do vidro quebrado e minha analisanda - poderíamos ouvir a pulsão de morte, e nos darmos conta, em algum momento, de que é impossível pensá-los dentro da organização do Complexo de Édipo; o que não quer dizer que temos que jogar o Complexo de Édipo fora.

Psicossomatistas de Deus / Psicossomatistas do Dáimon

Denominam-se psicossomatistas de Deus todos aqueles que acham que, quando alguém está doente, sabem exatamente o porquê daquela doença, suas causas psíquicas e como se faz a ligação causal do psiquismo com o soma. Só Deus na sua onipotência, clareza - naturalmente divinas - ousaria tanto. Assim mesmo, para os teístas moderados, sabe-se que Deus teve que fazer um mundo, com criaturas complicadas dentro, porque Ele não dava conta de Si, precisou de nós para falar as suas desgraças. Bem, mas os psicossomatistas de Deus sabem tudo: se você está com câncer assim ou assado é porque em determinado momento você imaginou de um certo modo que foi a causa de tal sintoma, ou produziu psiquicamente algo que, não podendo se inscrever simbolicamente, se inscreve no real de seu corpo como doença, etc.

Os psicossomatistas do "dáimon" são aqueles que poderiam pensar junto com Zaltzman:

> "Não atribuo ao funcionamento da pulsão de morte o poder de criar "diretamente" uma doença. Atribuo-lhe, sim, uma apetência como qualquer pulsão por tudo que favorece a sua descarga direta" (meu grifo).

Vejam quanta coisa tem esse trabalho que pode nos ajudar a sair dessa psicossomática totalizante. No conceito freudiano de complacência somática - que está recalcado pelos psicanalistas estruturais - aprender-se-á que o corpo também determina o psiquismo. Só analistas onipotentes é que pensam que o câncer é um produto diretamente psíquico, como se o inconsciente tivesse diretividade. Desconhecendo o que é acontecimento, ignoram que um câncer pode ser produto do cigarro, dos novos nutrientes, da terra que estamos destruindo, do ar que estamos poluindo e que tudo isso vai preparando o corpo, novos corpos como criações ativas para mostrar que tem alguma coisa doente nessa terra. Ou que o câncer é uma outra forma de vida, que aponta para uma criação.(27)

Zaltzman diz que alguém com as pulsões de morte como Sofia, recebe a solicitação somática e entra exatamente nesse lugar, que é frágil. O corpo não é a tumba da alma, como querem os divinos seguidores de Platão. Por aí pode-se pensar uma indicação para uma psicossomática muito mais modesta e muito menos grandiosa e ameaçadora do que aquela do Eu-sei-o-que-que-te-aconteceu.

Reino do Biológico / Reino da necessidade

O que se pode indicar é que a pulsão de morte se aproveita e ataca exatamente nesse ponto fraco, que Althusser chamava de "elo mais fraco da corrente". É onde se juntam, momentaneamente, o reino da biologia com o reino da necessidade. Não temos o mando desejante da necessidade do mundo; nem sempre conseguimos elaborar adequadamente nosso desamparo infantil; e o fazemos com a bebida, o fumo, as comidas, os aditivos que nos propiciarão uma falha no biológico e que vão nos permitir futuros cânceres; mas isso não se reduz ao reino do biológico, isso é do reino da necessidade. Tal assunto não é apenas para os biólogos, pois precisa da elaboração dos etólogos, dos políticos, dos psicanalistas não totalizantes.

O biologicista, que pode ser um psicanalista desejante, é o que marca: "você está com câncer no pulmão porque você fumou"; ou "tem AIDS quem quer", como disse um pretenso e cavalar psicanalista. Acontece que uma pessoa pode morrer de câncer no pulmão sem nunca ter fumado um cigarro. E nem todo mundo que fuma vai ter câncer no pulmão. E a AIDS não é apenas um castigo divino para os "exageros" e imprudências sexuais, como pensa algum psicanalista totalitário: ela existe na África, há pelo menos sessenta anos, sem a importância que recebe agora, que atingiu o Ocidente dominante. E não tem os efeitos devastadores que encontramos ou pensamos encontrar aqui.

A necessidade - que não tem simetria com o biológico - indica o seguinte: estamos num mundo, numa civilização que ataca o nosso bio-lógico com esses vários produtos químicos; existe essa restrição da vida, na medida em que ela, ao invés de se expandir, é obrigada a fazer uso de mecanismos restritivos, utilizando drogas que vão fazer com que o corpo se ressinta. Esse é o reino da necessidade, e não do biológico.

O biológico é atingido pela necessidade. Não que ele se transforme, mas é uma espécie de "conversação" entre o biológico e a necessidade. A necessidade não pode ser confundida com o biológico assim como o biológico não pode ser confundido com a necessidade. Nos campos de concentração as pessoas não se engoliam umas às outra. Muitas continuaram a ler, cantar, atuar, a estudar e a escrever ali dentro.

Dois Exemplos

O primeiro, Antonio Gramsci, grande filósofo da cultura, preso por Mussolini, escreveu boa parte de sua obra na prisão, e quem não a conhece nunca vai saber direito o que é cultura. Ele estava preso no reino da necessidade, o que não o impediu de criar.

O segundo é o nosso Graciliano Ramos, que escreveu "Memórias do Cárcere" ainda na prisão. No filme do Leon Hirschman, vê-se como Graciliano se destacava produzindo encontros intelectuais. Enquanto os outros jogavam futebol, ele escrevia com aquele rigor que aprendemos a respeitar pessoalmente. Sua obra marcou a história da literatura brasileira. Futebol e romance se inseparam da necessidade-desejo, o "Wunsch" freudiano.

A necessidade de que falamos é essa, e sua produção é específica. A necessidade apontada nesses dois exemplos não diz respeito ao biológico. Há que prestar atenção e sair do reino dessa redução preconceituosa, que muitas vezes aponta o que estamos falando aqui como algo biologizante.

Exemplo Clínico: Anorexia

Vou encerrar com um exemplo clínico de Zaltzman:

"O 'recurso aos limites do corpo' é, às vezes, o único que resta a um sujeito para se subtrair ao excesso de ascendência mental de um outro, a uma ascendência mental potencialmente mortífera, porque exclusiva de uma escolha ou de uma recusa da vida apropriada por um outro que não o sujeito".

Para que o outro não me engula "eu" paro de comer e arrisco, vou ao limite e "me" coloco como obstáculo real para o outro: "Eu não como. Mãe, você não vai me fagocitar! Mãe, você não vai me visitar no hospital! Eu não quero". É se colocar no perigo de morrer nos limites do corpo, para viver. Como se aprende com o Freud disjuntivo, elaborado por Zaltzman:

"A partir de um certo ponto, pouco importa que a mãe de uma anoréxica tenha sido demasiada ou insuficientemente amante, ou alternativamente ansiosa e indiferente. O que importa é que a análise permite a manifestação das forças antagônicas condensadas numa apreensão imóvel, organizada e sustentada pelo anoréxico que, para se defender de um perigo vital, corre o risco de morrer".

Ou seja, nada dessas interpretações que falam que a culpa é da mãe: "se morrer a culpa é sua e não minha (do analista)"; para este psicanalista que não sabe capturar a emergência dessas forças antagônicas - a força daquele que oferece o corpo ao sacrifício para poder viver psiquicamente, libidinalmente. É muito fácil culpar os pais. É o que a análise faz muitas vezes: o psicótico seria filho de uma mãe psicótica; ou o psicótico só o é porque sua mãe é psicótica. É uma fórmula muito fácil porque com isso o analista está isento: se der certo ele o curou, se der errado, é a mãe que tinha marcado, definitivamente, o psicótico.

Nesse texto, a afirmação do anoréxico é que, por oposição à alteridade, para resistir à alteridade, ele não quer ser incluído no desejo do outro. O que ele precisa é sair do seu corpo como limite - ele tem que deixar de ser biológico - e para isso tem que estar diante daquilo que é antagônico, e onde por vezes não consegue estar.

Dei o exemplo do meu colega psicanalista e da emergência "regular" de suas pulsões de morte, para mostrar que isso acontece necessariamente também com os analistas; isto é da ordem ética-pulsional, que é "diferente" do que se pode ler na história da Ética ocidental, mas que tem que ser pensado: uma "efetividade das pulsões de morte". Efetividade esta que inclui os múltiplos e procura não se deixar capturar pelo Um. As pulsões de morte podem ser relacionadas com os sujeitos ou com os indivíduos, o que é muito importante. Mas têm um processo específico, uma emergência inumana, e constituem o humano nos modos corporal e incorporal.[28] Não há teoria a respeito da inter-subjetividade constituinte do humano que possa suportá-las adequadamente, na sua efetividade e especificidade. Bem como elas não se inscrevem no humano porque este "mora na casa do Ser", ao se estabelecer na Linguagem. Foi em torno disto que quis percorrer alguns caminhos neste escrito, que se repetiu diferencialmente.

Conclusão (ou quase)

Em algum outro momento ter-se-á que elaborar o que é a emergência do sentido. Como ele insiste no sujeito, mesmo quando o sujeito não possa inscrevê-lo no seu "mito pessoal", no seu fazer-se história. Como o sentido não pode ser confundido com a significação, posta em regularidades métricas ou significantes. Contudo, esta não é apenas uma questão "regional" do campo psicanalítico.

Estamos diante de uma questão crucial, que diz respeito ao destino-destinação de todos: a inscrição na linguagem normativa, obrigada pelos meios massivos de comunicação e, especialmente, pela política de produção de ordens regulares. O chamado mundo ocidental encaminhou tal processo, e hoje também o Japão está a frente do tornar fixas as relações da história. Tal processo é retomado sob a antiga rubrica hegeliana do "fim da história", ancorada ainda numa política suportada pela força militar.

Produzir atos de sentido que não se inscrevam em delimitações é parte de uma política da Comunicação, que se insepara de sua efetividade. Tal política é mais ampla do que a "pólis", tem o sentido mais ativo de afirmação. Exercitá-la no pequeno do consultório e no estrito de um escrito é um modo de permanecer vivo ativamente.

Referências Bibliográficas

(1) LÉVI-STRAUSS, Claude, ***Les Structures Élémentaires de la Parenté***. 2a.ed. Paris - Haia. Mouton, 1967.
(2) LÉVI-STRAUSS, Claude, "Linguagem e Sociedade" (1951) In ***Antropologia Estrutural***. Rio de Janeiro. Trad. Tempo Brasileiro, 1975, p. 77.
(3) LÉVI-STRAUSS, Claude, "Posfácio aos capítulos III e IV"(1956) In ***Antropologia Estrutural***, ***op. cit.*** p. 103ss.
(4) LÉVI-STRAUSS, Claude, 1962, p. XVI ss.
(5) ZALTZMAN, Nathalie, ***A Pulsão Anarquista***. São Paulo. Trad. Escuta, 1994. Minhas elaborações foram inicialmente estabelecidas em dois seminários, no curso de formação psicanalítica da **Formação Freudiana**. Elas foram transcritas por Vírginia Portas, a quem muito agradeço.
(6) Trata-se, originalmente, de um ensaio publicado na revista ***Topique***, 24.
(7) BLANCHOT, Maurice, ***L'Entretien infini***. Paris. Gallimard, 1969.
(8) Ídem, p. 354.
(9) HERÁCLITO, ***Fragmentos***. Trad. Carneiro Leão. Rio de Janeiro. Tempo Brasileiro, 1980.
(10) Freud não saberia que "o inconsciente está estruturado como linguagem". MILLER, Jacques-Alain, ***Percurso de Lacan. Uma introdução***. Rio de Janeiro. Trad. Jorge Zahar, 1988, p. 12. Supondo uma simetria entre sintoma e "palavra", a Linguagem seria

pensada unitariamente. O que, como se verá através de outras versões do próprio Freud, não chega nem a estabelecer a questão psicanalítica. Fiquemos com o Freud incoerente...

(11) Para a "incoerência" de Freud, o modo como estabelece a multiplicidade da construção do inconsciente, ver KATZ, Chaim Samuel, ***Freud e as psicoses. Primeiros Escritos***. Rio de Janeiro. Xenon, 1994. Para pensar a dificuldade-impossibilidade de estabelecer uma ética unitária da comunicação e da teoria freudiana, KATZ, Chaim Samuel, ***Ética e psicanálise. Uma Introdução***. Rio de Janeiro. Graal, 1984.

(12) É estranho que não se encontrem textos, quer filosóficos ou (especialmente) psicanalíticos, que diferenciem singular e individual. Parece que a hecceidade ainda não chegou até os pensadores que se habituaram à díade individual-coletivo, particular-universal, e só.

(13) FREUD, ***Massenpsychologie und Ich-Analyse. Gesammelte Werke***, XIII, p. 135.

(14) DELEUZE, Gilles, ***Spinoza. Philosophie Pratique***. Paris. Minuit, 1981, p. 75.

(15) É o que se aprende com a terceira crítica de Kant, ***Crítica das Faculdades do Julgamento***. Mas que se poderia aprender também com o escrito que o inspirou na Modernidade à retomada da questão do sublime: BURKE, Edmund (1757), ***A Philosophical Enquiry into the Origin of our Ideas of the Sublime and Beautiful***. Editado por Adam Phillips. Reimpressão. Oxford - Nova Iorque. Oxford University Press, 1990.

(16) FREUD, ***Jenseits des Lustprinzips*** (1920) In ***GW***, XIII, p. 48ss.

(17) "Nenhuma paixão rouba o espírito de todos seus poderes de agir e raciocinar como o medo. Pois o medo, sendo uma apreensão do medo da morte, opera de modo a se assemelhar a uma dor atual". BURKE, op. cit., p. 53.

(18) Ver, de HYPPOLITE, "Commentaire parlé sur la 'Verneinung' de Freud "e de LACAN, "Introduction au commentaire de Jean Hyppolite sur la 'Verneinung' de Freud" e "Réponse au commentaire de Jean Hyppolite sur la 'Verneinung' de Freud". In LACAN, Jacques, ***Écrits***. Paris. Seuil, 1966

(19) idem, p. 387.

(20) MILLER, Jacques-Alain, op. cit., p. 79.

(21) LEIBNIZ, citado apud KATZ, C. S., "Psicanálise e Lógica: extensões metodológicas" In DORIA, Francisco Antonio e KATZ, C. S., organizadores, Razão/Desrazão. Petrópolis. Vozes, 1992, p. 167.

(22) SAFOUAN, Mustapha, ***A Transferência e o Desejo do Analista***. Rio de Janeiro. Trad. Campus, 1992.

(23) KOJEVE, Alexandre, ***Introduction a la Lecture de Hegel. Leçons sur la phénomenologie de l'esprit***. Paris. Gallimard, 1947.

(24) Por exemplo, RÓHEIM, Géza, ***The Eternal Ones of the Dream***. Nova Iorque. International Universities Press, 1945. Especialmente

o cap. XI, acerca dos "altjiranga mitjina", os seres eternos do sonho. Sobre o corpo onírico, com argumentos clínicos fortes, DOLTO, Françoise, ***L'image inconscient du corps***. Paris. Seuil, 1984.

(25) Jacques Lacan, ***Le Séminaire, livre VII. L éthique de la psychanalyse***. Paris. Seuil, 1986. Baseado em Martin Heidegger, "das Ding" In ***Vorträge und Aufsätze***. Pfulingen. Neske, 1954, parte II.

(26) DELEUZE, Gilles, ***Logique du Sens***. Paris. Union Generale d'Editions, 1973, p. 140.

(27) Para um exemplo na Imunologia, cf. Francisco Varela e Amy Cohen, "Le corps évocateur: une relecture de l'imunité" In ***Nouvelle Revue de Psychanalyse***, 40. Paris, 1989.

(28) BRÉHIER, Émile, "La théorie des incorporels dans l'ancien Stoïcisme" In ***Études de Philosophie Antique***. Paris. Presses Universitaires de France, 1955.

Nota do Autor

(a) Lógica matêmica: neologismo criado por Lacan para dizer a exatidão da estrutura do inconsciente.

* Sobre o Autor

Chaim Samuel Katz é psicanalista, professor, escritor, e um dos fundadores da Escola de Comunicação da Universidade Federal do Rio de Janeiro. Autor de numerosas e alentadas obras de Psicanálise, Filosofia e Comunicação.

Desejo e Ética

*Fabio Lacombe**

Conta-nos a lenda: Midas se embrenha na floresta, em busca de Silênio, sátiro, preceptor do Deus Dionísio. Move-o uma inquietação que busca apaziguar junto ao sábio. Não é bem recebido. Midas insiste: quer saber o que o homem pode almejar a fim de conquistar a felicidade. Ouve uma reprimenda, mas também a resposta: "Ó mísero mortal, por que queres isto saber? O que o ser humano pode desejar é nunca ter nascido. Uma vez que tal se deu, só pode desejar morrer".

É de se supor que o inquieto postulante não se satisfez com a resposta, e, sem dúvida, seu eco se fez sentir por todos nós. Essa radical relação do desejo com a não existência e com a morte continua a nos mover como fazia com Midas. Sua inquietação tomou forma, mas nem por isso se apaziguou. Continua a busca da felicidade estendida na envergadura de não nascer e morrer. Busca-se um objeto, um bem, a felicidade, e encontra-se na raiz dessa busca não precisar empreendê-la (não-nascer) e findá-la o mais rápido possível (morrer). A felicidade humana se abisma numa negatividade que confronta o sujeito com o seu próprio desejo. Esse abismo é o que se constrói com as palavras do sábio.

Quem é Midas? Quem é esse sujeito que se embrenha nos inóspitos caminhos da floresta, na disposição de um aprimoramento dos seus instrumentos de vida? A que dimensão de nossas vidas podemos relacioná-lo? A resposta se faz imediata: Midas é a expressão de nossa vida quotidiana. Estamos sempre nessa floresta, e estamos sempre nessa busca. Se, no texto da lenda, estabelece-se uma diferença territorial e, então, em determinado momento, nosso herói adentra a floresta, é porque qualquer relato situa-se num além, o qual não dá conta de revelar a floresta já antes existente, onde quer que Midas estivesse.

Nesse entendimento, a busca não é alguma coisa que possamos ou não empreender, mas nela, já, desde sempre, estamos empenhados. A inquietação de Midas é uma exigência a que nós não podemos nos furtar. Freud chamou-a com o nome de "exigências da vida", misteriosa energia segundo ele, que não só animou o inanimado, como é o responsável pelo "aprimoramento do aparelho psíquico". Esse mistério de uma vida que antecede a própria vida vai sempre se desdobrar, onde quer que o fenômeno vivo se manifeste.

Radicalmente, a vida não se esgota no que se manifesta como vivo. Midas é um sujeito vivo, no entanto o que o constitui como tal está aquém de tudo que o constitui na dimensão consciente ou inconsciente do sujeito. Dito de outra maneira, o sujeito tem sempre algo não constituído, de não-nascido, de não-existente. Este tipo de apreensão do fenômeno vivo, no que diz respeito ao sujeito, nos capacita a compreender as palavras do sátiro, não como uma "condenação", como a princípio nos é sugerido, mas como o resgate de uma abrangência maior do desejo, que na atitude explicitada por Midas se restringira ao âmbito de sua vontade consciente. Com a intervenção do sábio, o desejo se estende aquém e além da vida, isto é, da vida que cabia nos pressupostos da questão levantada por Midas.

Com essa perspectiva nova, Silênio lhe diz que desejar a felicidade implica fazer a experiência da não existência e da morte do sujeito desejante. Este sujeito do quotidiano, este Midas, está sempre se constituindo em obediência a uma dinâmica não cabível nos limites da representação que o sujeito faz de si mesmo. Por outro lado, não pode deixar de fazê-la. Essa função é inesgotável: o homem cria uma representação dentro da qual passa a habitar e se vê impelido, pelas "exigências da vida", pela insatisfação decorrente dos limites da habitação que vão se estreitando gradualmente, a abandoná-la e ganhar a "floresta" de que nos fala a lenda. E esse abandono vive-o como morte, pois o sujeito se confundira com a habitação, com a representação. Ao conjunto dessas representações damos o nome de quotidiano, que encontra no seu limite a representação da floresta como o que ainda não pertence ao quotidiano.

Supondo uma continuidade para o relato de nossa lenda, acompanhemos Midas de volta ao seu espaço habitual de existência e o coloquemos contemporâneo de nossa modernidade. Com o que vai se deparar? De acordo com Muniz Sodré, é a civilização do simulacro, estágio avançado de uma sociedade ordenada pela ética da produção.

Só na aparência há uma oposição entre simulacro e produção, pois é fácil se verificar, como se trata de uma conseqüência, o processo de estetização do quotidiano, a partir de sua submissão à lógica da produção.

Produzir é, na atualidade, re-produzir. Há muito se perdeu da experiência originária que cunhou o termo produção. Trata-se, simplesmente, de sempre de novo fabricar derivados de um mesmo protótipo que satisfaça às exigências da própria produção. Cada vez mais, menos tem a ver com as necessidades dos consumidores daquele produto. Para tanto, desenvolveu-se a publicidade. Essa nada mais é do que a evidenciação de ideologia que dá consistência à lógica da produção. Eis que o nosso Midas vê "realizado" o seu desejo de tornar ouro tudo aquilo que toca. Aliás, só uma coisa precisa tocar: um botão. A máxima do botão é a culminância do desenvolvimento da ideologia da produção. Ao Midas moderno se diz: nada precisa "fazer"; aperte um botão e a máquina fará surgir diante de você.

Que cada vez mais surja diante de você uma imagem, um simulacro é novamente uma exigência dessa lógica que, tal como o Midas que se embrenhara na floresta, visa reduzir o desejo ao nível da obtenção de um objeto qualquer que o satisfaça.

Sabemos as conseqüências do poder concedido a Midas de tudo transformar em ouro. Principalmente não podia mais se alimentar. Por mais que o desejasse, já não tinha mais acesso ao alimento real que satisfaria sua necessidade. A pretensa satisfação do desejo de não ter mais necessidades (ficar rico) afastou Midas de uma possível convivência com o mundo real. Esteve submetido à reprodução de um mesmo, o ouro, que tal como a imagem da televisão, por exemplo, não pode trazer satisfação real.

Vejamos o que nos diz Freud a respeito do desejo, tomando como ponto de referência a atividade alimentar. Retorna a um princípio, a esse mítico princípio onde, por uma primeira vez, o bebê sente fome, expressa-a através do seu choro, de sua movimentação corporal e obtém a satisfação de sua necessidade, ou seja, experimenta uma "vivência de satisfação". Essa obtém um registro de ordem psíquica, é o traço mnêmico, precursor da imagem do objeto responsável por tal sucesso, o seio materno. Estabelece-se uma via de facilitação entre os dois registros: o da necessidade e o traço mnêmico. Assim, quando de uma outra experiência de fome, o investimento psíquico não se dirige ao mundo real, real promotor da satisfação. Tenta obter com recursos próprios a satisfação e o investido é a imagem, o traço mnêmico. É a essa captura pelo objeto psíquico, da energia vinculada à necessidade que se dá o nome de desejo, nos diz Freud. Sua satisfação traz implicada nela mesma uma insatisfação, pelo distanciamento do sujeito do mundo real, onde a necessidade poderá ser, de fato, satisfeita. Se a esse distanciamento deve o homem toda a sua capacidade de criação, deve toda a sua diferença em relação aos outros animais, deve também experiência de logro, em que é ele próprio o logrado: é Midas que tudo pode transformar em ouro.

Como vemos, a postulação freudiana não se distancia muito nos seus pressupostos do de Silênio. O desejo é a pretensão de que a necessidade, uma vez "nascida", se satisfaça, ou seja, se extinga, morra o mais cedo possível, através desses muitos circuitos que os objetos de desejo instituem: já que nasceu, o melhor é morrer o mais rápido possível. Estabeleceu-se essa tensão entre as "exigências da vida" e essa tendência a não existir, entre a necessidade de uma troca com o mundo real e o desejo de um retorno ao inanimado, entre pulsão de vida e de morte, entre natureza e cultura.

A essa dialética, pelo menos no entender de Freud, se acrescenta um elemento de complexidade, quando afirma que cada indivíduo deseja morrer a "seu modo". Trata-se da dimensão da singularidade com que cada sujeito é inscrito, na medida em que vem ao mundo da convivência com os outros. Marca indelével que o acompanha até na sua morte - morrer a "seu modo". Ser aquele e não outro implica que uma necessidade é daquele e não do outro. Como vimos, a ética da moderna produção não leva em conta a singularidade. Muito pelo contrário, não pode prescindir de sua negação, pois como reproduzir um modelo indefinidamente, se tivesse que atentar para essa característica do sujeito? Para atender à produção criam-se normas de convivência em que essa exigência se disfarça na experiência da simulação. Como estrutural que é, não pode ser simplesmente afastada, trata-se então de envolvê-la na estratégia do simulacro, onde a necessidade da produção é "vendida" como a necessidade do sujeito, onde a estetização da existência pode torná-la desvinculada de uma ação referida ao mundo real, onde se possa prescindir da simbolização como mediadora entre o real e o imaginário.

É esse quotidiano que cria as florestas ao seu redor, onde Midas vai ambiguamente buscar uma palavra que tenha escapado à ética da produção. É a evidência de que algo no sujeito resiste em nome de sua singularidade ao atropelo da modernidade. A floresta está dentro dele, que também é sátiro, só que extraviado de si próprio.

Entre os vários locus de resistência, as florestas, conta-se a psicanálise que, na sua prática clínica, busca dar conta dessa exigência de singularidade do sujeito, "devolvendo-lhe a sua palavra", que, tal como Midas, acredita estar em Silênio.

Diz-nos Freud, "a moralidade do quotidiano é substituída pela técnica psicanalítica". Conduz-se o simulacro à sua dimensão máxima: convida-se o sujeito a renunciar à sua ação motora e expressar todos os seus desejos. É como se embrenhar na floresta. Os sonhos servem de modelo: já não se respeita qualquer lógica discursiva, não se submete a qualquer preceito moral, não se limita qualquer expressão de propósitos destrutivos, tudo visando a uma desarticulação da ética produtiva. Restaura-se a duplicidade que se perdera com o império do simulacro. A dimensão desejante, onírica, retoma seu espaço lado a lado com a lógica produtiva e o sujeito se reencontra com algo propriamente seu, mostrado através das brechas da ideologia nela incorporada. Esse "mais seu" é uma energia, uma energia de resistência à submissão a qualquer ética que se constitua, nessa ou naquela época, nessa ou naquela formação cultural. É o vigor que vem do "ethos", conforme nos ensinaram os gregos.

A Psicanálise promove, através de sua metodologia, não uma repulsa à ética da estetização, mas a busca da essência dessa ética, revelando que, em função dela, os sujeitos se perderam de si próprios e se engajaram numa dinâmica de relacionamento que se restringiu aos limites de uma relação de objetos. É por isso que o analista se oferece como objeto do desejo, sujeitando-se à transferência. "No início, todos os nossos objetos são objetos do desejo", nos diz Freud. Esse início, o início do "era uma vez" dos contos de fada, quando alcançado na revivência transferencial, cria um impasse, o impasse da dimensão desejante, imaginária: aquele sujeito ali não se reduz às dimensões de um objeto, não pode ser capturado pelo desejo. Alcançá-lo requer o caminho da experiência da simbolização. Ora, mas não é através de palavras que o sujeito se dirigia ao seu analista e portanto já não está na experiência da simbolização? Sem dúvida, e é por isso mesmo que pode se dizer da análise ser a devolução da palavra ao sujeito.

No quotidiano, de onde o sujeito aparentemente se retira para o espaço da análise, a palavra cada vez mais está submetida à imaginarização, cada vez mais se estetiza, se desvigora, na medida em que os discursos se "cientifizam" e prometem recobrir todo o mundo real. É por isso que Freud, com certa ironia, nos diz: a Ciência, a Psicanálise vem devolver à palavra a sua magia, ou seja, seu mistério, sua dimensão de impossibilidade, de não nascimento e de morte.

Com a "devolução da palavra" ao sujeito, se adjudica ao discurso um caráter criativo. Falar não é mais reproduzir, mas é pro-duzir no seu sentido mais originário de trazer à presença algo extraído da ausência, instaurando o vigor próprio desse algo, ou seja, sua singularidade. Ao sabor da dinâmica de essência e presença, o sujeito nasce, arrancado de sua dimensão imaginária, onde se julgava pronto e acabado na sua constituição.

Essa parturição do sujeito pela palavra é própria da Psicanálise, que parte do acolhimento da ética da produção para revelar sua origem no movimento do desejo e, com isso, atravessar a floresta do quotidiano, em direção a esse espaço em que ética e desejo já não se diferenciam, mas gozam de uma identidade, que dá corpo à singularidade do sujeito.

Se a Psicanálise se apresenta como esse locus de resistência em que o desejo encontra abrigo para se manifestar na sua condição de desejo inconsciente, resistência contra uma ética que o constrange aparentemente, é porque está instaurada por esse vigor da identidade da ética e desejo, onde se nutre a dimensão da singularidade. Não se trata de uma demarcação territorial onde cada sujeito se isola, mas a singularidade implica a pluralidade, implica uma outra convivência de ética e desejo, patrocinada pela atividade simbólica. Só se deixando afeiçoar pelo símbolo, pela linguagem, encontra o sujeito humano uma ordem em que singular e plural não se hostilizam, como é tão freqüente acontecer ao se pensar a relação do individual com o social.

Percebemos a semelhança a que esse entendimento possui com o sentido que foi dado ao estético por Emmanuel Carneiro Leão: é a realimentação de ordem em seus princípios de valores por uma percepção dita estética. É exatamente o que a Psicanálise promove, convocando os sujeitos a perceberem como a estetização do quotidiano, como aqui veiculado, é uma ponta de lança do sistema produtivo e que os valores estéticos originários situam-se num aquém ou além da manifestação de estetização.

A questão que nos ocorre é perguntar se a prática psicanalítica promove alguma política ou se trata realmente de uma prática apolítica como é habitual dela se dizer. Não levaremos adiante esse questionamento, mas fica evidenciado que, em si, é parte de uma estratégia política, de uma estratégia de resistência ao rio da produção. Seu aparente apoliticismo talvez decorra do fato de que, diante do grande desafio que a modernidade se vê confrontada, de estar sempre às voltas com grandes números, com soluções de massa, a Psicanálise poderia talvez abraçar um lema, sem dúvida estranho para uma atitude atual, que seria: "é preciso ousar o pouco".

Bibliografia

FREUD, S. *O Projeto. Tratamento Mental. Amor de Transferência.*
SODRÉ, Muniz. *Comunicação Pessoal.*
CARNEIRO LEÃO, E. Idem

* Sobre o Autor

Fabio Lacombe é psicanalista e professor da Escola de Comunicação da UFRJ. Membro da Sociedade Psicanalítica do Rio de Janeiro; Diretor da comissão científica da S.P.R.J. Autor de diversos artigos na sua área de atuação.

LIMPIEZA DE SANGRE

Francisco Antonio Doria

ÉTICA E PÓS-MODERNIDADE

Alessandro Baratta

CORRESPONDENTES DE GUERRA: UMA APRECIAÇÃO PEDAGÓGICA

José Amaral Argolo

3

Limpieza de Sangre

*Francisco Antonio Doria**

Introdução

Humilde, muito humilde, a origem de Juan Martínez Siliceo, a quem o imperador Carlos V faz arcebispo de Toledo em 1546. Nascera em 1486, e vai morrer uma década após sua assunção à Sé de Toledo, em 1557. Humilde, mas limpo de sangue, sem sangue infecto, sangue de judeus, sangue de mouros, sangue dos conversos, sangue dos bati-za-dos em pé, dos que se fizeram católicos já adultos.

Dos marranos o sangue infecto, não o possuía o arcebispo Siliceo. Marrano em língua de Castela, barrão na língua de Portugal, é "porco", e é o nome dos judeus conversos, dos batizados em pé. Por que esse nome? Pejorativo, com certeza; o porco é um animal que vive na lama, e o porco é também o animal cuja carne está proibida aos judeus. Mas barrão é também o garanhão macho, porco macho, de imensa virilidade. Peculiar pejorativo, marrano, barrão: um animal tabu, no qual a sensualidade sedutora ou vigorosa, rija, se esconde sob a sujeira aparente e infamante.

Sensualidade sem controle, tabu infamante: de nada disso participava o arcebispo Siliceo. Mas de tudo isso participava Pedro de Castilla, decano dentre os cônegos da Sé de Toledo e principal adversário do adventício Siliceo. Neto dos reis de Castela e Leão, descendente daquele terrível Henrique II de Trastâmara, que em fins do século XIV arrancara o trono a seu sobrinho legítimo, o herdeiro de Pedro I o cruel. Duas vezes bastardo, o cônego Pedro de Castilla, bastardo na bastardia do rei D. Henrique, e bastardo na bastardia do príncipe que gerara seu avô numa judia. Sangue adúltero, de um bastardo. Adúltero sangue real.

Bastardo real, Pedro de Castilla, e com sangue de gente de nação, sangue infecto. Desejara a Sé de Toledo para si ou para um dos seus.

Bastardo real, com sangue infecto; e parente, no sangue real com certeza, e, quem sabe, no sangue infecto, parente num e noutro do rei anterior, Fernando V de Aragão.

Que ascendera ao trono de Castela e Leão após casar-se com Isabel a Católica. Iniciaram, ambos, Fernando e Isabel, a perseguição aos judeus, logo após a Reconquista, quando enfim se expulsaram da península os últimos reis muçulmanos. Perseguição matizada, pois aceitavam-se os marranos, os batizados em pé, e protegia-se a muito alta burguesia judaica, à semelhança daquele Yucé de Alcalá, que financiara os começos das explorações marítimas espanholas. Pois, afinal, dona Joana Henriques, mãe de Fernando de Aragão e descendente dos Henriques, grandes almirantes de Castela, era filha de uma judia de Toledo, cujo sangue se mesclara ao sangue real dos Henriques, descendentes também do rei D. Henrique de Trastâmara. Príncipes e herdeiros do sangue infecto.

Como, também, mais outro parente do cônego Pedro de Castilla, Dom António de Portugal, o prior do Crato, nascido em 1531 e que morrerá no exílio em 1595. Mais outro bastardo real, filho do infante D. Luiz e sobrinho do rei D. João III, e filho de uma mulher belíssima, Violante Gomes a pelicana. Judia. Marrana; e pelo que dizem seus contemporâneos, sensual, perturbadora, como os porcos barrões. Sensualidade, sangue infecto, sangue real. Dom António, o sedutor Dom António, favorito do pai, é criado na corte como príncipe; uma irmã, nascida pouco depois, em 1535, filha do infante e da camareira Joana de Gois e Vasconcelos, mulher nobre, é, ao contrário, remetida com Duarte Coelho para o Brasil - onde, enfim, prospera, casada com o mercador holandês Arnal de Holanda. O meio-judeu é reconhecido e visto como príncipe; a bastarda em mulher nobre, tenta-se ocultar nas matas do Brasil.

Dom António, meio judeu de sangue real - ou judeu inteiro, pois filho do ventre de uma judia? - e pretendente fracassado ao trono português, com imenso apoio popular, em 1580. Via-se como judeu? Provavelmente não. Como também não se via judeu o rei Fernando de Aragão, cuja mãe era filha de um ventre judeu. Não se viam judeus, mas percebiam-se próximos dos judeus e dos marranos.

Como pode enfrentar tudo isso o arcebispo Siliceo? Como pode vencer o cônego Pedro de Castilla, herdeiro ainda que bastardo de tanto sangue real? Com um argumento transparente, a "limpieza de sangre". Ninguém aceitaria, para seu estábulo, um cavalo de origens desconhecidas. E o sangue infecto é sempre um sangue infamante. Pois os judeus mataram Cristo; como podem, então, descendentes dos que mataram a Cristo, servir a Cristo? A maldade se prende ao sangue, e maligno sempre será quem se liga pelo sangue aos que praticaram o crime originário, a morte de Cristo.

Notemos: este é, na sua essência, um argumento ético. Se você carrega a marca da corrupção, a marca da maldade, você está incapacitado para o exercício da função pública. A exigência da "limpieza de sangre" nasce como uma exigência ética.

I

USODIMARE: "os que têm por hábito e por ambiente o mar". Assim se chamava, desde meados do século XII, esta grande família de comerciantes de Gênova; mais que se chamavam, definiam-se, e a todos os genoveses medievais. Eram todo habituados ao mar, porque Gênova, desde meados do século XI, é um grande centro comercial. Gênova comercia com Bizâncio, possui interesses em Creta e em Chipre, onde os genoveses competem em constantes escaramuças com os venezianos. Associam-se aos normandos na Sicília, onde são, os genoveses, senhores feudais - e comerciantes. E dominam, sem contestação, o Mediterrâneo ocidental.

Os genoveses revoam, por sobre o Mediterrâneo ocidental, também desde fins do século XI. Sua presença na península ibérica é muito antiga; devemos lembrar que, em 1092, Afonso VI, "o bravo" de Castela, fez uma aliança com Sancho Ramírez, rei de Aragão, e com este convidou Gênova e Pisa para, todos juntos, atacarem Valencia. As duas cidades italianas teriam fornecido 400 navios à empresa, e teriam participado de um cerco infrutífero a Tortosa. Em 1147, Afonso VII, "o imperador", por sua vez, conquista Almería com a ajuda dos genoveses.[2]

Exploram o Atlântico, e buscam as Índias. Em 1291, os irmãos Guido e Vadino Vivaldi partem de Gênova à busca do caminho das Índias costeando a África. Atingem a costa da Guiné onde naufragam, segundo nos deixa em seu testemunho Antoniotto Usodimare, mercador e cronista. Mais ou menos ao mesmo tempo certo "messer" Emmanuele Pezagno, mercador também, também genovês, organiza, a pedido de D. Diniz "o lavrador" (n. 1261, m. 1325; rei em 1281), a marinha portuguesa. Todos "Usodimari" têm o hábito das coisas do mar; nestes Pezagno fica hereditário o posto de almirantes de Portugal; são os almirantes Peçanhas.

Chegam à Madeira. Em 1446, Bartolomeu Perestrelo, português neto de um lígure ou lombardo, "messer" Gabriele Palastrelli, mercador sempre, recebe a donatária da ilha de Porto Santo. Sua filha caçula, Filipa Perestrelo Moniz, casa-se com mais um genovês, Cristoforo Colombo, o descobridor. Concentrados em Sevilha e em Cádiz, os genoveses espraiam-se, na segunda metade do século XV, por sobre o Atlântico. Giovanni Usodimare fixa-se na Madeira; e também Urbano Lomellini, junto com seu parente, o banqueiro de Cádiz que financiará Colombo, Lodisio d'Oria.

Por que este avanço por cima do Atlântico? Os genoveses espalham o cultivo da cana-de-acúcar, que viera do Oriente e fora primeiro cultivada em Creta. Usodimare, Lomellini, d'Oria são todos senhores de engenhos açucareiros na Madeira. O dinheiro das casas bancárias de Gênova é sacarino e vem do mel da cana. Colombo fora, muito certamente, agente comercial destes potentados da Ligúria, assim como os filhos segundos, bastardos, os parentes pobres. Cristoforo d'Oria, nascido em Faro no Algarve e filho de Lodisio d'Oria, leva a cana-de-

-açúcar às ilhas de São Tomé e do Príncipe, cuja capitania recebe, e onde morre, talvez no mesmo naufrágio no qual morrem seus primos, os mercadores e genoveses Lazzaro e Lorenzo d'Oria.

2

O capital que faz as Américas é genovês e marrano. As grandes famílias marranas de Portugal controlam o comércio do açúcar e das especiarias no reino, junto aos genoveses e demais italianos. Um lombardo, Gianfranco Affaitati, é o principal financiador das empresas marítimas ao Brasil em começos do século XVI. Financia a viagem (em 1501 ou 1503?) de Fernão de Loronha, cristão-novo, onde uma das naus é comandada por Cristoforo d'Oria, filho de genovês. Uma neta do Affaitati, meia cristã-nova, casa-se com Carlo d'Oria, possível filho de Lorenzo d'Oria e, de qualquer modo, um óbvio mercador genovês. Diogo de Castro do Rio, judeu converso, é um dos principais conselheiros de D. João III; Damião Dias, outro marrano, é seu secretário, escrivão "da puridade" - nobilitado, casa-se com uma bastarda dos Meneses, condes de Vila Real. Os Ximenes de Aragão, vindos da Catalunha, controlam o mercado da pimenta em fins do século XVI. Recebem títulos de nobreza na Itália, onde Sixto V proíbe, num "motu próprio", que se duvide de sua condição (oficializada no breve papalino) de cristãos velhíssimos, a eles, marranos recentes. Os d'Elvas, médicos da corte portuguesa no século XVI, sempre cristãos-novos, mudam de nome, chamam-se "da Mata", recebem o monopólio dos correios em Portugal e títulos de alta nobreza; tornam-se marqueses de Penafiel.

Todos riquíssimos, e casados e recasados na mais alta nobreza. Unem-se o capital e o poder. Todos, de quando em quando, acusados de práticas judaizantes portas adentro, no íntimo da casa e da família. E todos bons católicos no espaço público.

3

O sincretismo religioso ou, talvez, a flexibilidade nas crenças sempre fora o comportamento da classe dominante na península ibérica. Talvez uma exceção, quando os reis arianos Leuwengild e Reccared causam a morte do católico ortodoxo Hermangild. (Depois, devidamente canonizado como santo Hermenegildo, ainda no século VI.) No século X, Abd-er-Rahmen, califa de Córdova, casa-se com uma princesa cristã. Al-Mansur, o vizir todo poderoso de um dos últimos califas omíadas, em fins do século X, está no topo da ascendência dos cristianíssimos sete infantes de Lara, através do cavaleiro muçulmano Mudarra, sobrinho do vizir; Rodrigo Díaz del Bivar (?1043-1099), Cid Campeador, é, sabidamente, cristão entre os cristãos e muçulmano entre os muçulmanos. E Abu-Nazir Lovesendes, o primeiro senhor das terras da Maia, junto ao Porto, em Portugal, funda em 978 o mosteiro de Santo Tirso de Ribadave, patronato familiar; é o Cid Abu-Nazir - e Cid, as-Sayyid, é o mesmo que sharif, o título que se dava aos pertencentes à família do Profeta do Islã, da qual o Cid Abu-Nazir descendia por sua mãe, uma omíada. A geografia determina as crenças religiosas.

Os judeus também participam deste jogo sincrético nas classes dominantes. Certo Baruch é um próspero banqueiro em Roma por volta do ano 1000; serve aos últimos herdeiros da casa de Teofilacto, os netos e bisnetos de Marózia. Convencido das vantagens de seu gesto, converte-se ao cristianismo e muda seu nome no obvio Benedetto (Baruch, em hebraico, "bendito"). Seus netos adotam o sobrenome famoso Pierleoni. Um bisneto é eleito papa, Anacleto II, santo homem que os azares da política nomeiam como antipapa; mas será sempre conhecido como papa judeu. Um trineto, sobrinho de Anacleto II, é papa também, nas listas canônicas, Gregório VI. Papa legítimo, e no entanto menos santo que o tio, é deposto em 1045 e morre no exílio, na Alemanha, em 1048.

Quando al-Andaluz, a terra dominada pelos califas omíadas do Ocidente, se espatifa nos reinos taifas, começamos a perceber judeus entre os vizires que servem àqueles micro-soberanos muçulmanos. De onde provinham estes judeus ibéricos? Eram provavelmente remanescentes da população cartaginesa, após a derrota frente aos romanos, e devem ter-se rejudaizado no tempo dos Antoninos. Altos funcionários das cortes muçulmanas, ostentando com frequência nomes árabes, seus hábitos religiosos deviam, também, assemelhar-se aos dos outros membros da classe dominante na península ibérica: praticavam uma religião íntima, a religião do interior da casa, a religião dos ancestrais; e outra religião pública, correspondendo ao jogo político, a religião oficial.

4

Vamos olhar à distância tais movimentos de genoveses e associados, desde o século XI.

Resultam da pressão demográfica na Europa, em última análise. Pelo que podemos inferir, há um início de crescimento econômico na Europa - resultando talvez de uma mini-revolução tecnológica, as mudanças no arado que aparecem pelo século IX - desde o século X (com uma crise no século XIV), e em decorrência as populações se expandem, sempre na direção do Ocidente.

Populações crescem de acordo com uns poucos mecanismos simples:

A difusão. É um movimento muito lento: a população originária ocupa uma determinada área, encerrada em fronteiras despovoadas. De geração em geração, os espaços vazios vão sendo ocupados, num movimento que se dá à taxa lentíssima de cerca de 100 km por século.

O avanço das elites. Neste caso, temos uma população estruturada, razoavelmente grande (ao menos, dezenas de milhares de indivíduos), na qual se percebe uma classe dominante (que se compõe de menos de 1% dos indivíduos da população em causa). O avanço da população é precedido e guiado pelo avanço da elite, de membros da classe dominante. É um avanço rápido e aos saltos, como num processo turbulento.

(Há muitos outros mecanismos possíveis, além desses acima. Como por exemplo a substituição das elites, quando um território é ocupado militarmente, e a elite subjugada é substituída pelos prepostos dos vencedores. Todos podem, em geral, ser descritos matematicamente, com a ajuda das chamadas equações de reação-difusão para o movimento das populações.)

O movimento de expansão dos genoveses espraiando-se na Europa ocidental, e depois avançando sobre o Atlântico, é um típico avanço das elites. Sua fronteira, a cada momento, é a fronteira dada pelos limites do cultivo da cana-de-açúcar. E a vanguarda que dirige esta impressionante expansão junta os genoveses e mais italianos, lombardos, toscanos, sobretudo, e os cristãos-novos e judeus ibéricos, com o patrocínio entusiasmado das duas monarquias da península ibérica, portugueses e espanhóis.

Avanços das elites concentram riquezas e, em consequência, permitem alianças estáveis de grupos heterogêneos. No caso, a nobreza ibérica, os judeus e cristãos-novos, e os italianos. No século XV, o conde de Benavente, um Pimentel, arma navios para explorar o comércio da costa africana, tendo judeus como sócios. Yucé de Alcalá, ainda no século XV, associa-se a um outro Pimentel, parente português de Benavente, com o mesmo objetivo. Das associações comerciais passa-se às ligações familiares, e, no fim do século XVIII, o linhagista português Felgueiras Gayo mostra que cerca de 80% dos titulares portugueses de então descendiam de uma antiga tribo judaica, originalmente do Marrocos, os Ibn Dana (aliás, um nome árabe), cujo nome se corrompe em "Abendanha" ou "Mendanha." Um dos membros desta tribo, Pedro de Abendanha, passara da Andaluzia a Portugal, precisamente no século XV, junto com D. Afonso V após a batalha de Toro, e com certeza o sincretismo religioso e inter-racial que estava presente na península ibérica desde o século X, apesar da Reconquista, facilitou esta integração que se dá nos seus descendentes, entre judeus, comerciantes e a alta nobreza. De qualquer modo, tal mixagem étnica se dá, e vemos, ao fim do século XV, o rei católico nascer de um ventre que nascera de um ventre judeu. Compreensível: a mãe de Fernando, Joana Henriques, era filha de Fradique Henriques, almirante de Castela - uma função que lhe abria enormes interesses comerciais. Aproveitou-os no seu casamento com uma mulher cujo nome é cuidadosamente escondido nos nobiliários.

Outro exemplo de sincretismo religioso movido pelo interesse comercial, agora no século XVI: Duarte da Paz, filho de mestre João da Paz, médico da corte de D. João II, nasce judeu. Converte-se cristão em Portugal; grande comerciante, é nobilitado por D. João III. Negocia com Roma, onde aparece, novamente judeu, na corte papalina. A notícia final que dele temos é na Turquia, onde se mostrava muçulmano e integrado à cultura local.

No entanto, esta sadia coexistência religiosa e étnica deu-se, apenas, no topo da sociedade, no topo da classe dominante. Dela estiveram fora, quase sempre, as classes médias peninsulares.

5

A tolerância dava-se apenas dentro da classe dominante. As classes médias urbanas, emergindo, e a ralé, ficavam sempre de fora. Logo após a Reconquista, ainda no primeiro semestre de 1492, cerca de duzentos a trezentos mil judeus, que haviam recusado a conversão em pé, fogem de Castela para Portugal, onde são acolhidos por D. João II. Sim, pagaram bem para que esta acolhida se desse, cerca de 300 mil ducados. Nem sempre têm um bom tratamento: em 1495, o donatário de então da ilha de São Tomé, Álvaro de Caminha, faz povoar aquela sua capitania com crianças judias recém-convertidas. À força, a conversão e a mudança para São Tomé. (Neste século, durante a guerra de 39-45, a Inglaterra envia à força para a Austrália e para a Nova Zelândia crianças inglesas órfãs de guerra.)

Mas uma pequena elite, nesta população de refugiados permanentes, fica sempre protegida. Além dos grandes comerciantes, os altos funcionários: mestres Afonso e Rodrigo de Lucena, judeus, são os médicos do primeiro rei da dinastia de Aviz, D. João I. Seu sobrinho, mestre Rodrigo de Lucena, atende ao infante D. Afonso, filho de D. João II. Vemos ainda, neste círculo excelso, mestre João da Paz (o pai de Duarte da Paz), mestre Antônio, mestre João e mestre Jusepe. Todos fazendo-se, eventualmente, marranos, e casando muito bem e se integrando em definitivo à elite: os Lucenas, por exemplo, casam-se na família dos senhores de São João de Rei, os senhores de Azevedo, e, passando ao Brasil junto com Duarte Coelho em 1535, transformam-se nos alcaides-mores hereditários de Olinda durante um século, até o começo das guerras holandesas, no século XVII.

6

Ao mesmo tempo em que se dá este rearranjo na estrutura interna das classes sociais na península ibérica, as monarquias européias do Ocidente sofrem um rearranjo em suas constituições, em suas espinhas dorsais. Assumido o trono português pelo príncipe perfeito, D. João II, um manipulador inescrupuloso, volta-se este logo contra a alta nobreza, os duques de Bragança (o maior senhor feudal do reino) e o duque de Viseu, ambos membros da família real, e que, com suas famílias e casas faziam larga sombra sobre o rei. O duque de Bragança é preso em maio de 1483, acusado de alta traição; é decapitado em Évora em junho de 1483. Em agosto de 1484, o próprio rei D. João assassina o duque de Viseu, irmão da rainha. (Sentindo o clima irrespirável, Colombo partira para Castela em começos de 1484, apesar de viúvo de uma portuguesa, e com interesses comerciais em Portugal.) Nesta luta contra a alta nobreza aliam-se ao rei a pequena burguesia de Lisboa e do Porto - não a alta burguesia, sempre ligada à nobreza. O rei é popular; passeia com freqüência em Lisboa, na rua dos Mercadores, onde é saudado pelo povo.

O mesmo ocorria na Inglaterra, ao início do reino de Henrique VII. Morto Ricardo III em Bosworth, sobe ao trono, em 1485, Henry Tudor, um galês de duvidosa nobreza, cujo avô, um pagem sem eira nem beira, seduzira uma das rainhas viúvas, princesa de França, e cujo pai casara-se com uma das muitas herdeiras lancastreanas do trono. Henry Tudor começa o reino eliminando à sua volta todos os que tivessem algum sangue real, como os de la Pole, duques de Suffolk, perseguidos até a extinção da família. Ao mesmo tempo, promove ao nível máximo da nobreza personagens obscuros, tais Charles Brandon, que de escudeiro pobre torna-se em poucos anos duque de Suffolk e marido da filha do rei, Mary. Como aliados preferenciais dos Tudors, as classes médias urbanas.

Desenhemos um esquema que ilustra essa transição do poder:

A aliança feudal. A classe dominante exerce o seu poder através de uma aliança entre o rei e a alta nobreza. O poder é repartido, difuso, entre diversas personagens na classe dominante, algumas das quais mo-mentaneamente têm mais força que o próprio rei.

Na Inglaterra, é o caso de John of Gaunt, duque de Lancaster, que tutela, depois de 1377, o rei Ricardo II até o fim do século XIV, ou de Warwick o "fazedor-de-reis," que põe no trono e depõe os reis ingleses durante a Guerra das Rosas.

A aliança com a classe média. Faz-se esta aliança na Inglaterra dos Tudors e no Portugal dos Avizes. Temos, aqui, uma classe dominante com uma estrutura mais complexa: ao rei e à alta nobreza junta-se a alta burguesia, os mercadores de grosso trato. A alta nobreza e esta alta burguesia se interpenetram em negócios primeiro, e, em seguida, através de casamentos. Assim, resta ao rei combater uma tal aliança apoiando-se (diríamos, quase populisticamente) nas classes médias urbanas.

No caso português, assinalemos que uma das vítimas da perseguição movida por D. João II aos duques de Bragança e Aveiro foi o tesoureiro-mor do reino, dom Izaac Abravanel, que conspirara com o Bragança e fugiu às pressas de Portugal antes da prisão e execução do duque. Dom Izaac representa aqui o alto comércio aliado à nobreza, e não os judeus.

Por outro lado, lembramos que a divisa de D. João II era "pola ley, pola grey", "pela lei e pelo povo". Junto de sua insígnia real, o pelicano que alimenta do próprio sangue os filhotes, uma franca manifestação populista: o rei protege e alimenta seus filhos, o povo.

A aliança feudal é instável, pois neste caso a classe dominante contém vários centros de poder, sempre em conflito. A aliança com a classe média, ao contrário, é bastante estável. O rei se destaca isolado, como centro único de irradiação do poder dentro da classe dominante. E, se valem os exemplos, a empiria citada acima, a transição da primeira à segunda é sangrenta, e se faz num golpe de força dentro do palácio: os Tudors eliminam todos os que têm sangue real à sua volta, e D. João II quase chega a fazer o mesmo em Portugal.

7

Façamos um zoom que nos permita, agora, ver de perto a estrutura desta classe média emergindo na península ibérica, nos séculos XV e XVI. Nosso foco de exame está em Viana, bem ao norte de Portugal, um porto cujo comércio se estende até a Holanda. A classe média local, os mercadores de porte modesto em seus negócios, os pequenos e médios proprietários rurais na região reúnem-se em dois grandes complexos familiares, grupos de famílias que, geração após geração, casam-se entre si, e, presumivelmente, mantêm negócios comuns. Estes grupos se organizam pelos fins do século XIV, e se sustentam até meados do século XVII.

Um primeiro complexo, o complexo Rego Barros, junta famílias da pequena nobreza, não-titulada, como os Regos, Barros, Salgados, Amorins, e mais gente de origem obscura, os Velhos, ou ramos decadentes de grandes famílias, Velhos Barretos, Barros Pimenteis, Sás Sotomaiores. (No século XVI, instados por Duarte Coelho, emigram para Pernambuco, em parte.) Um segundo complexo é, muito obviamente, formado por cristãos-novos: os Tourinhos (o nome vem de torá), Quezados, Macieis, Jácomes (de origem holandesa, provavelmente), e, no fim do século XVI, os Robys ou Rubins (o nome vem de rabi), também holandeses. Igualmente casam-se entre si, e ficam em geral à parte do outro complexo; podemos chamar a este grupo familiar de complexo dos Tourinhos. E são raras as alianças de um e outro grupo: uma exceção, Tomé Roby de Barros Barreto, que foi ouvidor em Minas Gerais no século XVIII, poeta árcade. Outra exceção, alguns Sás Sotomaiores que na realidade são Tourinhos e Macieis com o nome mudado, e Sás na ascendência feminina - mas isto pode, no entanto, sugerir uma origem cristã-nova para os Sás, família que irrompe de súbito na história portuguesa no século XIV, na pessoa de um político habilíssimo, Rodrigo Anes de Sá, que surpreendentemente se casa em Roma com uma Colonna.

O importante, neste exemplo, é vermos que, ao contrário do que se dava na classe dominante, quando alta nobreza e alta burguesia, mesmo aquela de origem judaica, casavam-se liberalmente, as classes médias tendiam a se dividir e a se excluir: ficavam, de um lado, os cristãos velhos, e, do outro, os marranos. Um exame, ainda que rápido, da origem social dos funcionários da inquisição, no escalão intermediário, mostra o mesmo perfil: Heitor Furtado de Mendoça, visitador que vem ao Brasil em 1591, apesar do nome nobre que lhe vinha através da ascendência feminina - uma exceção entre seus antepassados - possui origens excepcionalmente humildes. Gonçalo Novo de Lira, meirinho da inquisição em Pernambuco no século XVI, o homem que desenterra os ossos de Branca Dias e os envia para Lisboa, para serem calcinados num auto-da-fé, nem mesmo sobrenome possui; seu apelido é "novo," e isto diz tudo. Umas gerações depois, a família muda de nome, e se tornam em Vieiras do Melo e Afonsos de Melo.

As classes médias peninsulares, portanto, eram de origens obscuras - e limpas de sangue". Sem sangue de judeu, mouro ou negro, como se dizia nas atestações dos "linajudos".

8

Quando os Habsburgos da Espanha começam a promover gente de origem muito modesta, como o arcebispo Siliceo sob Carlos V, ou Antonio Pérez, o secretário particular de Filipe II, fazem-no numa versão mais "cool" desta aliança entre a coroa e as classes médias urbanas emergentes, contra a alta nobreza e a (pouca, mas notável) alta burguesia. Enriquecem, nobreza e burguesia, com os ganhos comerciais das explorações, das navegações à África e às Américas.

Pois as classes médias ressentiam-se. Ressentiam-se da prosperidade dos genoveses, dos lombardos, e dos cristãos-novos, dos mercadores ricos, e da nobreza que prosperava parasitando a riqueza dos mercadores.

O argumento da limpeza de sangue é um pretexto para constranger o poderio da classe dominante e, se possível, rebaixar aquela. E é, como dissemos ao começo, um argumento "ético": se você possui o sangue corrompido, você não pode ser bom. Tem que ser punido, afastado do convívio dos homens bons, limpos de sangue.

9

Porque a ética é o instrumento que têm, sempre, as classes médias para controlar o poder das classes dominantes.

Notas:

1. Nota sobre as fontes: a principal é o livro de Francisco Antonio Doria, com Carlos Barata, Gilson Nazareth, Jorge Ricardo Fonseca e Ricardo Teles Araújo, "Os herdeiros do poder" (Revan, 2a. ed., 1995). Alguma história vem do livro póstumo de Oliveira Martins, "O príncipe perfeito", cuja introdução, de Henrique de Barros Gomes, muito foi usada aqui (Lisboa, Guimarães & Cia., 1954). As principais genealogias citadas, em particular as que mostram a estrutura das classes médias em Viana, com seu nítido "apartheid", podem ser vistas no "Nobiliário de famílias de Portugal", de M. J. da Costa Fel-gueiras Gayo (Carvalhos de Basto, 1989). Este texto foi formatado em equipamento do "Projeto Griffo", Escola de Comunicação da UFRJ.
2. Teríamos aqui duas personagens homônimas, uma primeira Ansaldo "de Aurea", também algo lendária, filho de Arduino e de Oria della Volta, que teria estado na Espanha em 1092, e seu neto Ansaldo d'Oria, personagem histórica, o cônsul atestado em 1147.

* Sobre o Autor

Francisco Antonio Doria é professor titular da Escola de Comunicação da UFRJ, tendo participado da sua fundação. Físico, matemático (com doutorado orientado por Leopoldo Nachbin) e historiador de sucesso, tem publicações no Brasil e no exterior dentro dos seus diversos campos de atuação. Recentemente organizou "Os Herdeiros do Poder" (1995), livro que recebeu o prêmio internacional "Duchesse de la Force".

ÉTICA E PÓS-MODERNIDADE

Alessandro Baratta *

I

Nasce-se moderno. Torna-se pós-moderno. Isto depende não só de uma condição geral, mas também da história de cada um dos intelectuais que compartilham uma atitude de "pós-modernidade". A condição geral é dada pelo tempo: o moderno é tão antigo e o pós-moderno é tão recente que ainda não existe uma geração de intelectuais formados na assim chamada cultura pós-moderna. Os intelectuais pós-modernos também se formaram na tradição da cultura moderna e acreditaram haver-se distanciado de qualquer maneira desta ou, pelo menos, acreditam que tenham desejado fazê-lo. Este componente cognitivo (o auto-reconhecimento e também o reconhecimento recíproco) e este componente volitivo constituem o tecido comum que determina conjuntamente o estilo da pós-modernidade.

Partindo dessa perspectiva, a pós-modernidade não é ainda (e talvez nunca seja) uma cultura, mas, sobretudo, uma atitude. Para tentar defini-la, devemos identificar, admitindo que seja possível, uma atitude da qual se possa dizer que esteja na base da cultura de que os pós-modernos acreditam distanciar-se ou querem fazê-lo.

É na substituição desta atitude pelo "novo" que se manifestou a crise enfrentada por uma parte da geração de intelectuais à qual pertenço e da geração imediatamente posterior. Entretanto, qual é a atitude básica correspondente à cultura moderna? Qual auto-percepção

---

NOTA: Texto proferido como Conferência de Abertura do Encontro Brasileiro de Direito e Psicanálise, com o tema "A Lei e a lei: questões de cidadania". Realizado em Curitiba, Paraná, em outubro de 1994, o encontro foi promovido pelo Instituto Brasileiro de Estudos Jurídicos, A Biblioteca Freudiana de Curitiba e a Universidade Federal do Paraná.

e qual posição frente ao mundo caracterizam os "modernos" na história das elites culturais do Ocidente? Afrontando os riscos da generalização, pode-se responder que as duas características principais dizem respeito, uma no plano cognitivo e outra no plano prático, ao modo em que surgiu e se desenvolveu uma nova subjetividade.

É no homem entendido como sujeito de conhecimento e de ação que se centraram, no pensamento da modernidade, um novo princípio de verdade e um novo princípio de valor. No caminho da secularização, a experiência e a razão percebidas pelos modernos primeiramente como a fonte principal, logo como a única fonte da verdade.

A ciência moderna nasce de fato no século XVI, como um desafio ao princípio de autoridade que havia dominado o horizonte medieval do saber. Ao mesmo tempo a ética moderna se afirma como ética da autonomia com o abandono tanto da concepção metafísica, própria da tradição cristã e medieval, como da concepção cosmológica, que havia sido o fundamento da ética antiga. No aspecto teórico, a "atitude" moderna se afirma na continuidade com o racionalismo pagão da Grécia antiga, através da mediação árabe. A nova ética é tão "mundana" como a ética grega clássica, porém ela se distancia profundamente desta exatamente pela representação distinta do mundo e por sua relação com o valor.

Na concepção antiga, o mundo ("cosmos") significa ordem. O valor e a justiça têm o seu princípio no inserimento das ações humanas e de todos os eventos nesta ordem cósmica. Também a justiça, compreendida como virtude, isto é, como qualidade do homem, é definida como sendo uma ordem interior do homem, parte do todo, em analogia com a ordem universal.

No entanto, na representação moderna, "o mundo" são "os mundos". Isto significa duas coisas. Primeiramente, o universo perde a qualidade da finitude, própria da representação antiga e medieval, e se torna infinito.

Na concepção de Giordano Bruno, na representação do mundo como um universo infinito de mundos, já está contida potencialmente a concepção moderna do universo e da matéria, que se distancia profundamente da cosmologia antiga e medieval.

Em segundo lugar - e isto é fundamental para a história da ética moderna -, o "lugar" do valor se desloca do macrocosmo para o microcosmo; cada centro de existência, enquanto se possam delimitar os seus confins com os outros centros e com o macrocosmo, possui em si mesmo a própria pulsão individual do ser, o impulso de existência, isto é, o impulso para conservar-se e desenvolver-se.

Nesta pulsão do ser, que está presente em cada uma das infinitas mônadas que constituem o mundo físico, biológico e humano reside o novo critério do valor, o critério do bem e do mal. Esta concepção do impulso de existência como raiz do bem, com a qual nasce a ética moderna imanentista, tem na sua origem uma dimensão mais ampla do que a dimensão antropológica. Podemos dizer que esta é uma visão ontológica do valor, que encontra uma correspondência na natureza particular dos seres aos quais se refere. Ela se estende não só aos "entia moralia", mas também aos "entia phisica". Isto se torna evidente se temos em conta a extensão a todos os seres, extensão esta que caracteriza tanto a concepção das mônadas, em Leibnitz, quanto a teoria do "impetus" e, assim, do impulso de existência, em Spinoza.

Contudo, na aplicação à moral dos microcosmos humanos, a nova concepção microcósmica do valor encontra características específicas nas quais também reside o desenvolvimento do que podemos chamar de ética moderna, isto é, de uma teoria ética baseada numa concepção eudemonística da utilidade e numa concepção racional da autonomia.

Desta maneira, a ética moderna se diferencia dentro da ontologia moderna, ainda que no seu fundamento permaneça a concepção geral microcósmica do valor estendida a todos os seres. Na realidade, na fundação da nova ética e da teoria da justiça e do direito, a concepção do bem e do certo refere-se aos indivíduos racionais e aos "entia moralia" (Pufendorf) que surgem com a institucionalização das relações entre eles.

Aos seres físicos, animais, crianças, aplicam-se as regras gerais da ontologia e, portanto, também a axiologia geral que lhe é implícita, a não a da ética. A literatura dos séculos XVI e XVII, os tratados da escola do direito natural oferecem-nos exemplos freqüentes desta diferenciação, como Hugo Grotius, por exemplo, no parágrafo XX dos prolegômenos de "De juris belli ac pacis" (1625), em que distingue o indivíduo humano adulto, enquanto ser racional, do animal e da criança.

Tal como outros pais da ética moderna, Grotius considera que as regras do bem moral e da justiça são regras específicas do modo através do qual se auto-organiza a existência dos seres humanos racionais. Nas teses, a realização das funções próprias dos impulsos naturais (instintos, apetite) é medida e assegurada pela razão e pela linguagem, isto é, pela capacidade de atuar de acordo com regras abstratas.

Nos seres racionais, como os animais e as crianças, falta esta medição: a busca da sobrevivência e do prazer é comandada sem medição pelo impulso natural de existência. Portanto, se estes impulsos estão fora da avaliação ética, como sugere Hobbes na introdução do "Decire", então não se pode afirmar nem que estes sejam maus nem que sejam bons por natureza, e assim é possível e necessário apreciá-los no quadro geral de valor que abrange a natureza e todos os seres.

A afirmação da indiferença ética dos impulsos da criança não inclui a afirmação da sua indiferença de um ponto de vista axiológico mais geral. Na verdade, Grotius opõe-se a Hobbes na sua tese de que o homem, tal como todos os outros animais, não é movido por um instinto de hostilidade e agressão em relação aos seus semelhantes, mas sim por um instinto ou impulso social (appetitus societatis) ligado funcionalmente à conservação do indivíduo e da espécie.

Portanto existe uma mediação da natureza através da realização das finalidades próprias dos impulsos (a sobrevivência, o prazer, a felicidade) na edificação do status civilis, isto é, na edificação da comunidade jurídica entre os homens. Desta mediação resulta que o pacto social de Grotius não representa uma correção, um freio imposto à natureza má do homem, mas sim um aperfeiçoamento dos seus instintos naturais.

Para Grotius, o estado civil não é, como no Leviathan de Hobbes, um grande artifício da razão contraposto ao estado natural, mas somente uma organização racional e, portanto, mais segura da tendência social natural do homem.

Assim, na filosofia do século XVII, e especialmente por obra de Spinoza[1], afirma-se uma concepção positiva da natureza, na qual o valor coincide com o impulso natural dos seres para "persistir na existência" (Spinoza), onde a axiologia não é mais entendida como expressão do conceito estático de ordem de um universo (cosmo) finito, mas sim como expressão da concepção dinâmica e policêntrica de um universo constituído por um número infinito de macro e microcosmos. Também a ética, enquanto axiologia específica do homem entendido como ser racional, encontra a sua base na antropologia.

No entanto, o princípio antropológico da nova ética não é mais, como na Antiguidade e na Idade Média, o princípio estático do equilíbrio e da harmonia entre as "partes" da "anima" (pense-se em Platão); este princípio corresponde sobretudo à natureza dupla do homem, ferina e racional ao mesmo tempo, na metáfora maquiavélica; isto é, às características de um sujeito capaz de raciocínio e portador de instintos e paixões, ou do que, para usar termos mais modernos, poderíamos chamar de pulsões e necessidades.

Esta concepção não estática, mas dinâmica da natureza do homem, esta visão positiva das pulsões e das necessidades que movem a ação humana, constituem o horizonte antropológico tanto da axiologia geral como da ética dos séculos XVII e XVIII.

A fundação antropológica e eudemonística permanece dominante na ética pré-Kantiana. Nesta, a relação entre natureza e razão é profundamente diferente da que ocorre na construção rigorista da Kant. Pode-se observar um exemplo disto no papel desempenhado pela teoria das paixões na construção da ética inglesa. Basta lembrar Shaftesbury e David Hume. Em Hume, a relação entre razão e tendências naturais (paixões) é uma relação instrumental e não repressora. A razão não reprime e nem supera as paixões, mas sim está a serviço destas[2]. A razão serve como guia da ação humana para uma realização mais consistente e mais útil das paixões, para a mais plena afirmação destas, e não para a sua negação.

É somente com a teoria moral rigorista de Kant que a ética perde a sua coerência funcional com a antropologia. A razão se apresenta agora, enquanto princípio de moral, como a negação das tendências naturais e dos impulsos (Neigung) ou, pelo menos, as tendências naturais tornam-se, na ética Kantiana, irrelevantes para o valor moral da ação.

Isto se constitui independentemente e, também, às vezes, contra as tendências naturais e os impulsos. De fato, a máxima da ação é constituída pelo imperativo categórico, isto é, pela lei da razão que representa o universo humano ("homo noumenon") imanente em todo indivíduo ("homo phaenomenon")(3).

O termo formalismo aplicado à teoria da moral de Kant exprime exatamente a separação, que nela se produz, entre a lei moral e racional, que se torna pura forma, e a substância antropológica e, conseqüentemente, as pulsões e as necessidades que naturalmente motivam o comportamento.

Foram estudados os aspectos não somente teóricos, mas também biográficos que determinaram a construção desta doutrina do rigorismo moral em Kant, e com razão foram postas em evidência as ligações com a tradição pietística que havia influenciado a sua formação. Entretanto Kant, na sua vastíssima obra, continua a ser sempre um receptor da tradição filosófica precedente. Na sua obra, a ética formalística convive com a riquíssima antropologia, na qual continua a exprimir-se a teoria dos instintos naturais e das paixões dos séculos XVII e XVIII. Na antropologia, Kant estuda o comportamento humano enquanto motivado por esses instintos e paixões.

A busca da própria felicidade é a lei natural do comportamento. Porém, no que se refere à construção da ética, o horizonte eudemonístico que domina a antropologia foi abandonado. A lei natural é independente ou mesmo contraposta à lei natural do comportamento. Isto é conseqüência do fato de que Kant encontrou a solução dos problemas ontológicos e gnosiológicos com os quais se havia defrontado na construção de uma teoria ética que tornou radical a separação entre mundo físico e mundo metafísico, entre realidade fenomênica e realidade numênica.

As leis do mundo físico, às quais responde o comportamento humano, que faz parte deste mundo físico, são diferentes, em Kant, das leis próprias de uma metafísica dos costumes. De fato, o mundo moral é, na construção Kantiana, um universo metafísico separado do universo físico. Com esta contraposição, rompe-se a visão unitária do mundo e dos mundos que havia dominado a teoria do valor e da moral, de Spinoza a Hume. Substitui-se a ética material das pulsões e das necessidades por uma ética formal da razão.

Porém, o princípio eudemonístico, que domina a física dos comportamentos, e o princípio racionalistas, que domina a metafísica dos costumes, não encontram, na obra de Kant, uma mediação teórica adequada. A unidade dos dois princípios, que permanecia como uma forte exigência especulativa em Kant, encontra expressão não num resultado construtivo, mas sim somente numa idéia da razão, a idéia sobre a qual baseava Kant a representação da existência de Deus.

A crítica e o superamento do formalismo moral Kantiano por parte de Hegel, a contraposição feita por este de uma ética do resultado à ética da intenção proposta por Kant, podem ser interpretadas como a reconstrução da unidade entre a esfera das necessidades e a esfera da razão, isto é, entre indivíduo e universo, entre concreto e abstrato, entre fato e idéia. Em poucas palavras: entre ser e dever ser.

Não é outro o significado da crítica de Hegel ao dever ser Kantiano, ao dever ser que não é, ao "perennierendes Sollen", que está sempre mais além do real, na sua grandiosa tentativa de unir o racional ao real. Assim, com Hegel, a fundação de uma ética do universal concreto, de uma ética material, e não formal, passa através da reintrodução da esfera das necessidades como fundamento material do discurso ético.

No entanto, o discurso de Hegel está longe de ser uma simples reformulação da filosofia e da antropologia naturalista, que foram a base da teoria das paixões e da ética pré-Kantiana. Na filosofia pré-Kantiana, as pulsões e as necessidades eram concebidas num horizonte físico-naturalista, e, além disso, os seus portadores eram "mônadas", indivíduos.

Hegel, pelo contrário, coloca as necessidades num horizonte histórico-social. Ele não analisa as necessidades unicamente com referência aos indivíduos, que são portadores delas, mas sim com referência à sociedade civil (bürgerliche Gesellschaft)[(4)], e assim ao complexo das relações econômico-jurídicas da propriedade, da produção e do consumo.

O que realmente conta na análise hegeliana não são os portadores individuais de necessidades, os sujeitos humanos, mas sim o "sistema" de necessidades. De fato, na "Filosofia do Direito", a sociedade civil é estudada como o "sistema das necessidades".

A concepção das necessidades é, no pensamento de Marx, um momento determinante na visão do homem e da sociedade. Retomando e desenvolvendo a posição hegeliana, Marx elabora a dimensão histórica e social da teoria das necessidades, sem descuidar da dimensão própria de uma antropologia fundamental. Em Marx, estas duas dimensões se encontram no conceito de trabalho.

Do ponto de vista da antropologia fundamental, a necessidade não é considerada por Marx no sentido negativo de "carência", mas no sentido positivo de exigência de realizar as próprias capacidades e de objetivar-se na relação com a natureza e com os outros homens.

O trabalho, entendido como transformação da natureza e como produção, não é, como dizia Marx nos seus primeiros escritos, um meio para satisfazer as necessidades, mas sim a necessidade primária do homem. Com relação a este aspecto, tanto em Marx com em Hegel reencontramos elementos importantes da teoria das necessidades e da antropologia que haviam dominado a ética pré-Kantiana. Por isto, o dever ser é entendido como potencialidade inerente ao ser, como uma indicação axiológica de um futuro cuja lei pode e deve ser lida no presente. Neste sentido Marx se referia numa carta a Ruge em 1843([5]), onde se distanciava do idealismo social dos jovens hegelianos. Mario Rossi compreendeu bem este significado filosófico da antropologia do jovem Marx afirmando que, na visão marxiana, "o homem é o ser cujo sentido é o dever ser"[(6)].

Não obstante, a dimensão antropológica é somente uma dimensão da toria das necessidades de Marx. Ela se cumpre na dimensão histórica e social. De fato, para Marx, a interação com a natureza não é obra do indivíduo isolado, mas sim dos homens associados na produção de meios de subsistência e, em geral, de bens não existentes em forma natural .

É com a interação produtiva que a história natural da espécie transforma-se na história da sociedade. Com a linguagem, que é condicionada pela interação e que, por sua vez, a condiciona, inicia-se a história da cultura.

Num ensaio de 1978, H. Lang destacava a tendência de Freud a "resolver a história na história natural"[7]. Isto não impede de considerar Freud, segundo uma constante linha interpretativa que vai de Erich Fromm[8] até Jean Joseph Goux[9], dentro do eixo principal de desenvolvimento de uma teoria materialista da história e da cultura, que teve em Marx o seu grande predecessor. No ensaio "Moisés e o Monoteísmo" (1937), Freud insistia sobre o salto qualitativo que a história do espírito havia realizado com o advento da linguagem. A chave da teoria da psicanálise não é a biologia, mas a antropologia cultural. A teoria da psicanálise permite reconstruir a história da cultura, dos mitos e das religiões através da dialética de id, ego e super ego.

A cultura, escreve Freud no ensaio " A questão da análise leiga" (1926), caminha adiante à custa dos impulsos reprimidos. Por outro lado, a teoria de Freud distingue entre "objetivo e objeto" das pulsões[10]. Se, como mostra em "As pulsões e suas vicissitudes" (1915), o objetivo do impulso possui base biológica, o objeto no qual o impulso se realiza, como em que a pulsão atinge o objetivo, é fungível: a sua individuação faz parte não somente da história da alma individual, mas também da história da cultura . Efetivamente, nas "Novas conferências introdutórias da psicanálise" (1933), Freud observa que, nas sublimações, que representam uma forma muito importante do deslocamento dos impulsos, "entra em jogo a nossa avaliação social".

Ainda sobre o plano metodológico, a relatividade das possíveis classificações dos impulsos sustentada por Freud demonstra que, nesta matéria, ele empregava mais que conceitos naturalistas, "tipos ideais". Porém, o mais importante a sublinhar neste contexto é que Freud, da mesma forma que Marx, ainda que com diversas implicações, realizou uma grande interpretação histórica da subjetividade humana, fundada sobre a dialética da totalidade e, ao mesmo tempo, com uma base empírica e materialista. Tanto em Marx como em Freud, encontram-se as duas grandes tradições do pensamento moderno ocidental: a tradição do empirismo utilitarista materialista e a tradição do racionalismo.

Em ambos os autores, encontra-se, em vez de uma ética dos princípios ou das intenções, a construção de um grande projeto emancipatório, que tem como fonte a auto-reflexão do sujeito humano, entendido como portador de necessidades e de pulsões historicamente condicionadas. Com uma metáfora pode-se dizer que Marx desenvolveu um método para psicanálise e a terapia da sociedade, assim como Freud desenvolveu um método para a crítica da economia da psique e para o superamento das repressões.

Podemos interpretar as obras de Marx e Freud como um projeto de liberação, ou melhor, de auto-liberação do homem da dor e da repressão.

Consideramos a herança de Marx e de Freud em nosso tempo como uma grande sobrevivência do pensamento da modernidade. Depois de um século ou um pouco menos de discussão, de crítica, de interpretação e de mediação cultural que tomaram direções diversas e também contrastantes, que contrapuseram ou aproximaram os dois autores, esta herança constitui ainda o desafio ao qual não se pode subtrair quem queira reconhecer, nas suas raízes e mudanças potenciais, a condição humana. Trata-se de um pensamento ainda atual porque, para usar uma formulação de Sartre, referida a Marx, os problemas com os quais se ocuparam Marx e Freud são ainda os problemas de nosso tempo.

Marx e Freud continuam a transmitir a nossa geração a atitude clássica dos intelectuais que construiram o pensamento e a cultura da modernidade, a partir dos séculos XVI e XVII, no mundo ocidental. Podemos definir esta atitutde como sendo o otimismo da razão. Isto se fundamenta na superação da contraposição entre ego e mundo, entre sujeito e objeto, entre espírito e matéria, entre razão e paixão, entendendo por paixão, o movimento das necessidades, das pulsões, no qual a história do homem, da sociedade e da cultura, encontra a sua continuidade com a história da natureza.

O otimismo da razão, assim como se expressa na obra de Marx e de Freud, representa, talvez, o ponto culminante do desenvolvimento do pensamento da modernidade, se entendemos este desenvolvimento como o lento processo de secularização que transformou o princípio de verdade e a noção de sujeito. Se a verdade não depende mais da revelação e da tradição, mas sim da própria leitura autônoma do mundo feita pelo homem através da observação, da análise experimental e da síntese dos elementos adquiridos num sistema racional, então o grande compromisso que propôs Galileu Galilei entre fé e razão, afirmando que a linguagem matemática através da qual a ciência decifra o mundo é a mesma linguagem com a qual Deus escreveu o mundo, pode ser abandonado como uma metáfora ou um mito, e assim o foi.

Continuamos com a exposição de otimismo da razão e do projeto da modernidade: se o homem tem a coragem de declarar que Deus usa a sua mesma linguagem, então a verdade não precisa mais de intermediários institucionais entre a palavra de Deus e a razão humana; as próprias instituições culturais das intermediações, os mitos e as religiões tornam-se o objeto da ciência humana; a subjetividade que está na base do princípio da verdade não é mais transcendente, mas imanente ao mundo. Então, o homem é Deus. É na sua razão e não mais na razão divina que podemos reconhecer a trama da realidade, que podemos encontrar os princípios para edificar uma sociedade organizada e feliz, uma sociedade capaz de superar as deficiências ou perfeccionar os dotes naturais do homem, que será distinta do estado de natureza e será um estado civil, a "civilização do direito".

Na razão humana está o princípio da verdade, nas necessidades e nas pulsões do ser humano, reconhecidas pela razão e mediadas pela sociedade, está o princípio dos valores, o fundamento da ética e do direito[11]. O progresso da humanidade, o superamento da dor e da opressão fazem parte daquilo que foi chamado de "as promessas da modernidade"[12]. Estas promessas parecem ter o seu êxito no otimismo escatológico que move, primeiramente, a dialética do Iluminismo e, em seguida, a dialética da idéia hegeliana, do historicismo humanista, até chegar ao materialismo dialético. Entretanto, neste, a lição de Marx se apresenta como que petrificada pelo marxismo acadêmico (não sem que Marx tenha, de qualquer modo, contribuído para esta transformação, com a parte da sua teoria que se referia ao desenvolvimento necessário das contradições do capitalismo para que se chegasse a uma sociedade comunista).

II

Começamos este discurso falando da atitude pós-moderna que caracteriza os intelectuais do nosso tempo e que pode ser considerada como a última fase mas, também, como a crise do pensamento da modernidade. Ora, como é possível sustentar a atualidade da herança de Marx e Freud, em nosso tempo, uma vez que os interpretamos no âmago do pensamento clássico da modernidade e enquanto assistimos a sua crise pós-moderna?

Ao final de um processo de crise que atingiu o humanismo iluminista e romântico e também os grandes sistemas escatológicos ou evolucionistas, como os sistemas do idealismo, do materialismo dialético e do positivismo, uma parte representativa dos intelectuais do nosso tempo professa o abandono do assim chamado "pensamento forte", isto é, do modelo "fundamentalista" do saber, a favor de um "pensamento frágil"[13]. Trata-se de um pensamento que renuncia às grandes sistematizações teóricas, às grandes histórias, à grande luz, e que se contenta com pequenas verdades, com pequenas histórias, com sistematizações parciais e provisórias, com a penumbra, a "lueur", na bela expressão francesa que traduz o termo utilizado por Heidegger, "Lichtung"[14], que indica o pouco que se pode ver e do qual, no entanto, temos que desfrutar, quando, em vez de nos encontrarmos ou, pelo menos, acreditar que nos encontramos na grande aldeia global da história, atravessamos trilhas interrompidas no bosque ("holzwege"). Estes intelectuais professam renunciar à pretensão de buscar valores com base na ética, da política e do direito: uma posição radicalmente relativista.

Esta crise na concepção moderna da verdade, dos valores e do sujeito, para a qual deram sua contribuição inclusive autores provenientes de correntes que não se adaptam à definição comum de pós-modernidade (pense-se no racionalismo crítico de Popper e na teoria sistemática de Niclas Luhman), atravessou um longo processo, na base do qual devemos colocar a grande operação crítica feita por Friedrich Nistzsche no confronto com a ciência e com a ética.

É impressionante observar como a crise da modernidade inicia com um pensador como Nietzsche, que levou as suas premissas teóricas às consequências mais radicais. Realmente, como podemos perceber através da penetrante interpretação de Heidegger, com a frase de Nietzsche "Deus está morto", inicia-se ao mesmo tempo a morte da subjetividade humana como centro e princípio da verdade de valores que são próprios da civilização moderna do direito. Da morte de Deus nasce só aparentemente um "super-homem", isto é, um sujeito dotado de ainda maiores certezas e de maiores capacidades de incidir no curso da realidade do que era capaz no mito da modernidade. O pouco de força que resta a este "super-homem" consiste em reconhecer, com lucidez, a trágica situação de ser atirado, como exprime Sartre, num mundo estranho e hostil. Este homem sem certeza parece recuperar alguma força somente quando se reconhece como frágil "pastor do ser", assim como o chama Heidegger, e pondo-se docilmente ao seu serviço.

Através dos desenvolvimentos sucesssivos aos quais contribuíram Sartre, Adorno e outros, a crise da modernidade conduz à consolidação, ainda que provisória, do que é definido ou se define como filosofia pós-moderna. No trabalho de seus representantes, como Lyotard, Vattimo, Jameson, Rorty e muitos outros, prevalece o interesse e a capacidade de descrever a situação de nosso tempo, de realizar uma auto-reflexão inquieta e lúcida sobre o nosso ser atirado num mundo que ele não tem possibilidade real de controlar, mas faltam o interesse e a capacidade de fundar os valores e o projeto ético-político destinados a mudar a situação e a construir uma sociedade mais justa e mais feliz. Isto decorre da abstenção histórica do pensamento pós-moderno com respeito ao problema da verdade e dos valores.

Como a teoria dos sistemas e outras correntes do pensamento contemporâneo, a filosofia pós-moderna é um pensamento da verdade auto-reflexivo no qual os homens podem somente ser considerados como os ambientes do sistema social, para utilizar a expressão de Luhman, e não como os protagonistas de um projeto de sociedade. No entanto, se a situação não é gratificante, a auto-reflexão por si mesma não nos pode ajudar a sair dela. A auto-reflexão sobre o nosso ser atirado no mundo, observa Derrida, não muda o fato de que estamos aí jogados.

Se quisermos sustentar a nossa tese de que a herança de Marx e Freud representa, na fase crítica da história da modernidade que estamos atualmente, um desafio positivo que pode contribuir para levar o pensamento contemporâneo para mais além dela, temos que fazer uma operação dupla.

Em primeiro lugar, devemos apresentar um critério de leitura desta crise da modernidade, buscar a sua origem, talvez longínqua e congênita com a prórpia fundação do pensamento da modernidade, e propor uma hipótese de solução, de saída desta crise.

Em segundo lugar, devemos indicar através de quais releituras, interpretações e, se necessário, seleções com respeito ao edifício teórico construído por Marx e Freud, podemos definir uma herança deles capaz de fornecer pontos de apoio consideráveis para um projeto de solução da crise, quer dizer, para um projeto de emancipação da subjetividade.

Com respeito à primeira operação, é importante percorrer novamente uma linha de reconstrução histórico-cultural, que tem uma continuidade de contribuições ao longo de decênios e que vai de Nietzsche, através de Walter Benjamin e Sartre, até Girard, Derrida Eligio Resta[(15)]. Estes autores indicaram a contradição, o defeito congênito da modernidade, na relação em que se encontram, no pensamento moderno, a violência e o direito. Esta contradição consiste essencialmente na ocultação e, ao mesmo tempo, na reação mimética que o direito tem em relação à violência. O direito e o Estado, no pensamento da modernidade, eram destinados ao controle e à superação da violência, mas neles a violência é imanente e se reproduz.

É justamente a ocultação da violência que, como diz Girard, produz o equívoco, a ambivalência fundamental da modernidade. Eligio Resta desenvolveu nos seus recentes trabalhos esta tese, recorrendo à metáfora platônica do "pharmakon". "Pharmakon" significa, em grego clássico, tanto remédio como veneno. Assim, o Estado moderno e o seu direito se legitimaram como remédio contra a violência, mas, por sua vez, este remédio permitiu perpetuar o veneno, quer dizer permitiu manter a violência como o verdadeiro tecido conectador da sociedade, sem conseguir nem neutralizá-la, nem tampouco monopolizá-la (na forma da violência legal): permitiu reproduzir a violência como a substância das relações jurídicas.

A este resumo suscinto de uma teoria que preencheu milhares de páginas acrescentarei somente duas observações e um breve esboço de uma hipótese para desenvolvê-la.

Primeira observação: a violência é um conceito geral que admite várias diferenciações (violência física, psíquica, individual, estrutural), mas o seu núcleo fundamental pode ser definido como repressão de necessidades reais. Chamo de necessidades reais as necessidades que são potencialmente satisfazíveis, segundo o nível alcançado pelo desenvolvimento da capacidade de produção de bens materiais e imateriais numa sociedade, mas que permanecem insatisfeitas em razão de contradições, injustiças, destruição da riqueza potencial ou real.

Segunda observação: quando sustentamos que a violência é imanente na sociedade e no direito isto significa, como reconhece Eligio Resta, que "o sujeito do qual se fala somos nós, não os outros". Nós, os intelectuais da modernidade (ou da pós-modernidade) fizemos e fazemos parte, também contra as nossas intenções, da operação cultural de ocultação da violência e, portanto, o trabalho de auto-reflexão e de desmistificação de tal ocultação nos interessa não somente tanto como vítimas, senão também e sobretudo como co-autores da mistificação.

A hipótese, para contribuir neste processo de auto-reflexão, é a seguinte: a teoria e o projeto que estão na base da fundação do Estado e do direito moderno (do direito positivo) se basearam, como se sabe, sobre um princípio universal de legitimação. Trata-se de um princípio solidamente ancorado na concepção, própria do pensamento da modernidade, da verdade e do sujeito humano. Este princípio de legitimação são as necessidades humanas, as pulsões para assegurar, estender e reproduzir a existência. O instrumento de fundação do Estado e do direito modernos foi o modelo do pacto social, entendido como experimento da razão. Um modelo racional para assegurar a realização das pulsões, impossível, supostamente, numa situação imaginária de estado de natureza, sem Estado e sem direito positivo.

Devemos reconhecer que, tanto no modelo como na realização histórica, o contrato social foi bem distinto de um pacto universal estendido a todos os sujeitos humanos, considerados como iguais na sua cidadania potencial. Tratou-se sobretudo de um "pactum ad excludendum", de um pacto entre uma minoria de iguais, que excluiu da cidadania todos os que são distintos: um pacto entre proprietários brancos, homens e adultos para excluir e dominar indivíduos pertencentes a outras etnias, mulheres, crianças e pobres.

Historiadores do direito como Pietro Costa[16] e outros destacaram este caráter seletivo do pacto social e da cidadania que dele surge. É singular que, ainda hoje, a representação tradicional, na escola e na academia, da teoria do contrato social esqueça constantemente este caráter seletivo e marginador do projeto político da modernidade. Estranha especialmente este esquecimento na América Latina, onde durante séculos a cidadania foi o privilégio dos colonizadores e a subjetividade jurídica foi negada aos grupos étnicos originais por serem estes supostamente incapazes dela, como se fossem crianças ou selvagens. Interessa ressaltar aqui que as desigualdades e, portanto, a violência imanente no direito e no Estado da modernidade são constitutivas da fundação do Estado e do direito modernos, e não são erros de percurso devidos ao arbítrio de pessoas interessadas.

Talvez tenha sido esta mesma contradição entre a universalidade potencial e a seletividade real da cidadania, esta ambivalência constante do direito como "pharmakon", que pouco a pouco secou as raízes do pensamento da modernidade. A inadimplência das promessas da modernidade, em razão da violência imanente no direito, minou a confiança iluminista na verdade, na subjetividade humana, no progresso, e produziu a crise da qual o pensamento pós-moderno é a expressão.

Se a crise é tão profunda porque a sua causa foi congênita no surgimento da modernidade, talvez, para sair dela, devamos rever a própria linguagem e o aparato conceitual com os quais foram fundados o Estado e o direito modernos.

1 - Em lugar dos autores (partes do contrato), falaremos das vítimas (os excluídos do contrato).
2 - Em lugar do homem como centro e dominador da natureza, falaremos do policentrismo da natureza e do respeito à natureza por parte do homem.
3 - Em lugar do outro como estranho, falaremos de nós como estrangeiros a nós mesmos.

4 - Em lugar do contrato, falaremos da aliança.

A aliança[16-A]: creio que seja importante reconstruir, na sua dimensão mundana, este conceito fundamental da tradição judaica-cristã, na nossa busca de um caminho para sair da crise da modernidade e para permitir uma refundação do Estado e do direito, uma nova constituição. Não se trata de reproduzir fielmente o modelo de aliança com Deus que une os homens num povo capaz de pecado e de redenção. Trata-se de alimentar o projeto, em primeiro lugar, de uma aliança entre todas as vítimas, os excluídos do contrato; em segundo lugar, de uma aliança dos homens com a natureza.

O Estado que resulta da nova fundação mantém as conquistas e as potencialidades emancipatórias do Estado de direito, mas vai além do "Estado dos direitos"[17]. No curso das lutas pelo Estado de direito abriram-se sempre novos espaços para os direitos das vítimas e dos excluídos, para outras etnias que não a branca, para as mulheres, as crianças, os pobres e os marginalizados sociais. Contudo, o Estado de direito somente reconheceu, desta maneira, a presença de "cidadanias" distintas da cidadania abstrata e formalmente igual para todos: a dos "cidadãos do Estado". Aceitou uma autonomia limitada de todas estas pátrias distintas, das quais os indivíduos participam em sua existência concreta enquanto membros duma etnia, dum gênero, duma faixa etária, duma camada social, duma comunidade local, etc. Entretanto, estas pátrias, às quais se reconhecem direitos, não são constitutivas do Estado e de sua constituição jurídica.

O projeto de aliança impõe que se dê um passo adiante, que se funde um Estado mais rico, alimentado por todas as distintas cidadanias, pelas experiências, projetos, visões de mundo através das quais as diferenças pátrias de cada um se exprimem.

Não estamos mais diante, neste modelo ideal, de um Estado de homens brancos, adultos e proprietários que, quando tudo vai bem, "deixam viver", dentro dos confins de suas pátrias de cidadania distinta, "os outros", mas sim diante de um Estado mestiço, um Estado da cidadania plural no qual não há mais estrangeiros e outros, vítimas e excluídos.

Este Estado da diversidade também é construído através de operações intelectuais que vão mais além do "horizonte dos direitos" das diversas cidadanias e que permitem valorizar as expectativas correspondentes a cada uma delas para uma nova maneira de ler e de administrar os conflitos. Talvez deste projeto poderá surgir uma civilização superior à "civilização do direito", uma civilização na qual o potencial imanente de violência não permanece oculto, mas é revelado para permitir, através desta revelação, a realização de formas não violentas de controle da violência. A aliança das vítimas e dos excluídos, a aliança dos homens com a natureza, é um grande gesto pacífico com o qual a subjetividade humana procura afastar-se da catástrofe originada pela aliança secular do direito com a violência.

A nossa segunda operação concerne o conteúdo da herança de Marx e Freud para o nosso tempo, o significado que esta herança assume em face de um projeto, este que acabamos de expor. Para dar uma indicação neste sentido é necessário fazer uma premissa. Falamos dum modelo "fundamentalista" de discurso ao qual se contrapõe, de maneira radical, o modelo de discurso da filosofia pós-moderna. Entretanto, a alternativa pós-moderna ao discurso fundamentalista não é, certamente, a única disponível. Se fosse assim, faltaria a base discursiva necessária para o projeto.

Por outro lado, tampouco é necessário aceitar o modelo fundamentalista do discurso. Este modelo, é verdade, corresponde ao projeto da modernidade e domina todo o desenvolvimento do pensamento moderno até a crise atual. Entretanto, para o projeto da aliança não é necessário alcançar verdades absolutas e valores universais, como pretende o discurso fundamentalista: é mais apropriado um discurso que reconheça a validez relativa dos resultados cognitivos duma auto-reflexão que se desenvolve dentro do contexto duma determinada situação histórico-social. A aliança das vítimas e dos excluídos requer apenas valores relativos baseados sobre o consenso e a busca comum. E, definitivamente, o consenso é incompatível com os dogmatismos da verdade, e portanto com o fundamentalismo. Ademais, a aliança dos homens com a natureza é incompatível com uma concepção antropocêntrica do mundo.

Num trabalho recente, Claudius MeBner definiu duas formas do discurso moderno, a forma contextualista e a fundamentalista. "O modelo fundamentalista - ele escreve - desejaria reconhecer uma forma lógica, uma norma ou uma estrutura universal que permitisse reconhecer os fenômenos como suas manifestações simples, parciais e indistintas"[(18)]. O pensamento contextual, entretanto, baseia-se sobre a circularidade constitutiva do conhecimento e sobre a sua reflexividade. Isto determina a validez situacional do saber e dos valores. Portanto, o pensamento contextual, escreve MeBner, "concebe ... a busca como uma auto-reflexão, na qual, junto ao conhecimento do objeto, cresce contemporaneamente a introspecção no próprio projeto, nas próprias intenções".

É o modelo contextual do discurso que está na base do projeto da aliança, e não o que se auto-define como filosofia pós-moderna, não obstante o progresso, que favoreceu numa reflexão sobre as infinitas facetas da situação espiritual do nosso tempo e o antídoto salutar que isto representou contra o dogmatismo das grandes verdades e das "grandes histórias"[(19)], e apesar da sua contribuição à superação do mito da subjetividade humana como centro do mundo.

O pensamento pós-moderno contém, na sua formulação, um defeito que o torna inútil para a construção de projetos: coloca-se num nível auto-reflexivo que está sempre "sobre" a busca de opções teóricas e práticas, que permite analisar esta busca, mas que não participa dela própria. O empenho na busca de orientações para tomar decisões é o objeto de sua reflexão, não a sua finalidade. Com relação ao discurso contextual sobre o que fazer, o discurso pós-moderno é apenas um metadiscurso.

Talvez o pensamento "frágil", que é o programa de filosofia pós-moderna, seja um privilégio, um luxo reservado às classes sociais fortes, aos intelectuais que, apesar de não terem a intenção, representam seus interesses[20]. É um pensamento característico do centro, e não da periferia do mundo, e, neste sentido, ele reflete também as relações sociais planetárias de nossa época. São os ricos e não os pobres que podem se permitir concentrar suas atenções sobre as pequenas histórias. As histórias que interessam aos pobres, às vítimas e aos excluídos, e que eles precisam reconhecer e contar para o processo da sua emancipação, sempre foram e permanecem as "grandes histórias", a "história" das relações das duas nações, das quais, como diz Disraeli, o mundo se compõe: os ricos e os pobres[21].

A pergunta que diz respeito à definição da herança de Marx e de Freud para o nosso tempo não é tanto a pergunta histórica e filológica sobre a pertinência da sua obra e das suas intenções a um ou a outro dos dois modelos de discurso, o fundamentalista e o contextualista. A pergunta diz respeito à escolha dos aspectos da obra deles, de seu significado atual que pretendemos resgatar para alimentar o nosso projeto. Quais são estes aspectos, qual é este significado dentro do modelo contextual de discurso no qual estamos empenhados?

Esta tarefa parece, à primeira vista, mais fácil com relação à obra de Freud que à de Marx. A razão é o princípio do progresso para Freud; contudo, este não é, como no materialismo dialético, um princípio lógico necessário de um progresso que não depende somente das intenções e dos projetos dos atores e que se desenvolve à sua revelia. Entretanto, é possível definir a herança de Marx para o nosso tempo, renunciando ao materialismo dialético a favor do materialismo histórico no seu significado humanista; renunciar ao marxismo acadêmico para recuperar a grande lição humanista e emancipatória de Marx junto com o seu método global de análise das relações sociais. Trata-se de fazer uma operação, com respeito à obra de Marx, do tipo da operação feita por autores como Walter Benjamin e Ernst Bloch. Estes autores tornaram o núcleo do historicismo e do humanismo marxiano independente da concepção mecânica do desenvolvimento necessário do capitalismo para uma sociedade melhor. Levemos em consideração as teses de Walter Benjamin sobre a história, a sua impressionante metáfora do anjo azul; levemos em consideração os conceitos de esperança e de possibilidade que estão na base da grandiosa construção filosófica de Ernst Bloch: teremos então instrumentos para uma interpretação da herança de Marx que deixa o espaço necessário para as opções e para a responsabilidade do sujeito, sem renunciar à análise radical da realidade. Nesta interpretação, o projeto emancipatório baseia-se na análise objetiva da situação humana, porém ele permanece no horizonte dos desenvolvimentos possíveis, mas não necessários.

"Radical - escreveu Marx - é quem chega ao centro das coisas. Mas o centro das coisas é o homem". O método da análise radical da situação humana e o projeto emancipatório no horizonte da esperança e da possibilidade são o elemento comum da herança de Marx e de

Freud. Também é possível resgatar a herança de Freud dentro do modelo contextual de discurso. Anteriormente, já fornecemos algumas indicações que mostram como o projeto terapêutico de Freud se insere não tanto no positivismo naturalista, mas sim numa concepção histórica e social da natureza e do espírito.

Não obstante as diversidades, há aí um núcleo comum importante na herança de Marx e Freud para a nossa época. O quadro de referência das operações analíticas e terapêuticas que eles nos propõem não é a história "em geral", como continuidade de desenvolvimento da natureza e da cultura, ou pelo menos não é "apenas" a história em geral. Marx e Freud forneceram um critério de explicação sobre a totalidade das relações complexas que unem o ego ao mundo e ao super-ego, que unem o sistema das necessidades e a esfera simbólica da moral, do direito, da cultura, no contexto específico dos desenvolvimentos e das contradições da formação histórico-social na qual ainda estamos vivendo.

Na dimensão planetária que as relações sociais e as relações entre o homem e a natureza adquiriram, numa fase do desenvolvimento da nossa formação histórico-social distinta da que Marx e Freud observavam no seu tempo, a lição de análise radical, de terapia emancipatória, é hoje tão atual como nunca. É uma lição essencial, sustento, dentro do modelo contextual do discurso, para a construção de uma teoria mundana da aliança e a fundação do Estado mestiço, do Estado da cidadania plural.

Esta interpretação de Marx e de Freud poderia ser ilustrada, numa exposição mais ampla e sistemática, em relação a cada um dos diversos aspectos da proposta de redefinição semântica e conceitual feita anteriormente. Gostaria de me limitar somente a um desses aspectos.

Havíamos proposto substituir a concepção de estrangeiro como o "outro" pela concepção de nós mesmos como "estrangeiros". Esta operação tem um significado duplo: num primeiro sentido, nós somos estrangeiros a nós mesmos; num segundo sentido, nós nos vemos, com os olhos dos outros, como estrangeiros.

No que diz respeito ao primeiro aspecto, podemos recordar a teoria psicanalítica de Julia Kristeva, num recente livro cujo título, traduzido para o português, significa "Estrangeiros somos nós a nós mesmos"[(22)]. A situação social e a situação psicológica de alienação das quais somos todos vítimas podem ser definidas, numa análise segundo a herança de Marx e de Freud, como uma alienação do homem de si mesmo, de sua natureza; como uma auto-repressão do ego, condicionada por um contexto moral e jurídico, o super-ego, repressivo e reprodutor da violência. O projeto de terapia, de liberação, que é contido na herança de Marx e de Freud, é também e sobretudo um projeto de reconciliação da subjetividade humana consigo mesma; um projeto de resgate e desenvolvimento das potencialidades positivas, das necessidades reais, através dum conhecimento auto-reflexivo de nós próprios, da situação humana, do mundo no qual estamos atirados e através duma mudança de nós mesmos e da estrutura das relações sociais.

Para este resgate é muito importante, como mostra Julia Kristeva, continuar com relação aos outros com a "revolução copernicana" produzida por Freud, permitindo reconhecer que "o outro é o meu (próprio) inconsciente"; é muito importante retomar a visão cosmopolita da humanidade, desde a Antiguidade, através de Kant e de Herder, chegando a Marx.

A passagem das relações tradicionais com os estrangeiros e as pessoas diferentes para a constituição de um Estado do qual participem todas as pátrias é um projeto emancipatório que se serve da auto-reflexão. O reconhecimento recíproco das cidadanias dentro do Estado mestiço é também o resultado da superação do nosso ser estrangeiro a nós mesmos. No Estado mestiço, os cidadãos podem reconhecer e realizar a sua própria subjetividade porque o Estado está baseado na superação da visão do outro como estrangeiro. Num Estado que vive de todas as cidadanias, todos são cidadãos, pouco importa a pátria à qual pertençam, pouco importa a sua etnia, o seu gênero, a sua idade, a sua posição nas relações sociais: ninguém é estrangeiro.

Não menos importante é o segundo aspecto. O processo de liberação da relação recíproca entre estrangeiros passa por um momento de auto-reflexão que poderia chamar-se de "relacional". Freud dizia que "o que é estrangeiro é sempre o inimigo". O projeto da aliança requer também que cada cidadão seja capaz, a partir da sua própria pátria, de se enxergar na ótica do outro, de se perceber como estrangeiro na percepção do outro. Trata-se de uma maneira distinta de conceber e administrar o conflito, real ou potencial, com os outros, com as outras cidadanias, assumindo a ótica do outro e não constrangendo o outro à nossa ótica.

Esta é uma operação fundamental para desenvolver técnicas não violentas de solução dos conflitos. O Estado da cidadania plural não é uma utopia pacifista que descuida das diferenças e dos conflitos potenciais. Todas as cidadanias devem conviver, porém esta convivência não é a premissa, mas sim o resultado do projeto. Se cada cidadania se fecha dentro dos confins dos seus direitos, teremos, na melhor das hipóteses, uma coexistência de estrangeiros, mas não um Estado mestiço. A amizade e a paz não são situações naturais, são conquistas sociais.

Na herança de Freud e de Marx não encontramos apenas um método para analisar as raízes econômicas e psicológicas da solução bélica dos conflitos, mas também elementos para desenvolver técnicas de solução pacífica deles. São técnicas que rompem o círculo entre direitos e guerra. Ir mais além deste círculo significa renunciar à violência, mas não abandonar os direitos. A estratégia da aliança não é a estratégia do pacifismo, é a estratégia das grandes lutas pacíficas.

Referências Bibliográficas

(1) Cf. B. Spinoza, Ethik, in: ***B. Spinoza: Sâmtliche Werke***, O. Baensch, A. Buchenau et al., Leipzig, 1907-10, Vol.I, p.35 e ss.

(2) Cf. D. Hume, ***Traktat über die menschliche Natur***, 2 vls., Th. Lipps (Org.), Leipzig: Voss, 1923, I, 240, II, p. 150 ss., p. 266ss.
(3) Cf. I. Kant, ***Grundlegung zur Mehaphysik der Sitten***, B p. 117 ss., ***Kritik der praktischen Vernunft***, A p. 10 ss., ambos trabalhos podem ser encontrados em: Kant, I.: ***Werke in zehn Bänden***, W. Weischedel (Org.), Darmstadt: Wiss. Buchges., 1983, Vol.6.
(4) G. W. F. Hegel, Vorlesungen über Rechtsphilosophie 1818-1831. Edição e comentário em seis volumes de K.-H. Ilting, ***Stuttgart: Frommann-Holzboog***, 1973, Vol. 3: ***Philosophie des Rechts***, $ 182-254 (Sociedade Civil), $$ 189-207 (O Sistema das Necessidades), pp. 565-715.
(5) Cf. K. Marx, ***Briefe aus den "Deutsch-Französischen Jahrbüchern"***, in: Marx, K./Engels, F.: Werke, Berlim: Dietz, 1956 ss., Vol. 1 (1839-1844), p. 338 ss., p. 345 (Ruge havia citado numa carta para Marx o Hyperion de Hölderlin: Vês trabalhadores braçais, mas não homens, pensadores, mas não homens, dominadores e dominados, mas não homens). A propósito, K. Löwith já tinha visto que Marx, ao contrário de Feuerbach e Hegel, "exige não somente uma emancipação econômica e política do homem, senão também uma emancipação "humana": esta não se refere ao homem como ego e alter ego (Feuerbach), senão ao "mundo" do homem, pois ele próprio é o seu mundo humano, sendo essencialmente um ser social ou zoon politikon: K. Löwith: ***Von Hegel zu Nietzsche***, Stuttgart: Kohlhammer 1950, p.337.
(6) Cf. M. Rossi, Da Hegel a Marx, Vol. IV: ***La concezione materialistica della storia***, Milão: Feltrinelli, 1975, p.165 ss.
(7) H. Lang: ***Geschichtlichkeit des Daseins oder Entwicklung des Soma? Überlegungen zum wissenschaftlichen Standort der Psyghoanalyse***, in: A. Kraus (Org.): ***Leib Geist Geschischte, Festschrift für H. Tellenbach***, Heidelberg, 1978, pp. 121-138, aqui p. 129.
(8) E. Fromm: ***Über Methode und Aufgabe einer analytischen Psychologie: Bemerkungen über Psychoanalyse und historischen Materialismus*** (1932), in: E. Fromm: ***Analytische Sozialpsychologie und Gesellshaftstheorie***, Frankfurt: Suhrkamp, pp. 9 - 40, 1978. O. Fenichel (1972): ***Psychoanalyse und Gesellschaft, Frankfurt: Roter Druckstock***.
(9) J.-J. Goux: Freud, Marx: ***Oekonomie und Symbolik***, Frankfurt: Ullstein, 1975.
(10) Cf. C. MeBner, ***Die Tauglichkeit des Endlichen - Zur Konvergenz von Freuds Psychoanalyse und Diltheys Hermeneutik***, St. Ingbert: Röhrig, 1985, p.142 ss., p. 274; S. Freud : "Triebe und Triebschicksale", e "Neue Folge der Vorlesungen zur Einführung in die Psychoanalyse", in: S. Freud: ***Studienausgabe***, A. Mitscherlich, A. Richards, J. Strachey, Frankfurt: Fischer, 1969-79, Vol. III, p. 85 s. e Vol.I, p.530.
(11) Boaventura de Sousa Santos, ***Law: A Map of Misreading***. Toward a Postmodern Conception of Law, in: Journal of Law and Society 14, 3 (1987), pp. 279-302, p. 292ss.

(12) K. Wahl, ***Die Modernisierungsfalle***. Gesellschaft, SelbstbewuBtsein und Gewalt, Frankfurt: Suhrkamp, 1989.
(13) G. Vattimo/ P. A. Rovatti (a cura de): ***Il pensiero debole***, Milano, Feltrinelli, 1983.
(14) M. Heidegger, Holzwege (1950), 2. Aufl., Frankfurt: Klostermann 1952, p.41 ss.
(15) E. Resta: ***La certezza e la speranza***. Saggio su diritto e violenza (nella società contemporanea), Bari Roma, Laterza, 1992.
(16) Pietro Costa, ***Il Progetto giuridico***. Ricerche sulla giurisprudenza del liberalismo classico, I: Da Hobbes à Bentham, Milão, Giuffrè, 1974.
(16-A) Sobre a relação geral entre o conceito de pecado e o conceito de aliança, veja-se: Paul Ricouer, ***Finitud y culpabilidad***, Madrid, Taurus, 1982, p.p.213 e ss., e também a bibliografia citada pelo autor.
(17) Johan Galtung, ***Menschenrechte - anders gesehen***, Frankfurt Am Main, Suhrkamp, 1994.
(18) Claudius MeBner, Recht, Vernunft, ***Gewalt und die Frage nach dem Ursprung***, in: Archiv für Rechts-und Sozialphilosophie 80, 2 (1994), pp. 252-273, p. 265 ss.
(19) R. Rorty, Habermas and Lyotard on Postmodernity, in: Rorty, R.: ***Essays on Heidegger and Others***. Philosophical Papers II, Cambridge: Cambridge Univ. Press 1991, pp. 164-176, p. 164. J.-F. Lyotard, The Postmodern Condition: A Report of Kowledge (1979), Minneapolis: Univ. of Minnesota Press 1984, p. XXIVs.
(20) F. Basaglia/ F. Basaglia-Ongaro (ao cargo de): ***Crimini di pace. Ricerche sugli intellettuali e sui tecnici comme adetti all opressione***, Turim, Einaudi, 1976.
(21) Cf. G. Rusche, Arbeitsmarkt und Strafvollzug. ***Gedanken zur Soziologie der Strafjustiz***, in: G. Rusche/ O. Kirchheimer: ***Sozialstruktur un Strafvollzug***, Frankfurt: EVA, 1981, p. 305.
(22) J. Kristeva, ***Etrangers à nous-même***, Paris, Fayard, 1988.

* Sobre o Autor

Alessandro Baratta é professor catedrático de Filosofia do Direito do Institut für Rechts und Socialphilosophie da Universidade de Saarlandes em Saarbrücken, Alemanha. É autor de numerosos artigos e livros, vindo com freqüência ao Brasil para dar cursos, proferir conferências, orientar teses e participar de bancas de concursos.

Correspondentes de Guerra: Uma Apreciação Pedagógica

José Amaral Argolo *

> (...) Combateremos nas praias, combateremos nos campos de pouso, combateremos nos prados e nas ruas, combateremos nas colinas; jamais nos renderemos; e mesmo que esta ilha, ou grande parte dela, fosse subjugada e reduzida à fome, no que não creio por um momento sequer, então nosso império de além mar, armado e defendido pela frota britânica, prosseguirá na luta até que, quando Deus quiser, o Novo Mundo, com toda a sua força e seu poderio, se apresente para salvar a libertar o Velho Mundo.

Winston Churchill, discurso pronunciado na tarde de 4 de junho de 1940, na Câmara dos Comuns, após o resgate da Força Expedicionária Britânica nas areias de Dunquerque.

Parte I

Introdução

Carl Von Clausewitz definia a guerra como "um duelo a uma mais vasta escala", complementando:

> "Se quisermos reunir num só conceito os inumeráveis duelos particulares de que a guerra se compõe, faríamos bem em pensar na imagem de dois lutadores. Cada um tenta, por meio de sua força física, submeter o outro à sua vontade; o seu objetivo imediato é o de abater o adversário a fim de o tornar incapaz de toda e qualquer resistência".

Resumindo: duelo entre nações, entre povos que até então coexistiam pacificamente (ou sob tensões controladas). A ruptura acontece no instante em que a loucura dos dirigentes impele - sob diversos pretextos - as corporações armadas na direção do abismo.

O texto em seguida objetiva proporcionar aos estudantes de Jornalismo, especialmente àqueles que têm gosto pela aventura, algumas noções sobre o comportamento e a pedagogia dos correspondentes de guerra: principais tópicos de cobertura jornalística e limitações impostas ao trabalho. Não tem, por conseguinte, qualquer pretensão de esgotar o assunto, tão complexo que é em seus meandros.

Antes de mais nada, é necessário observar que os conflitos entre Estados Nacionais não acontecem de repente. Há, geralmente, um período de virulência retórica, entremeado por pequenas escaramuças de fronteira, violações do espaço aéreo e/ou marítimo e retaliações especificamente dirigidas aos naturais do outro país.

Tais episódios, por certo lamentáveis, são instantaneamente detectados pelas organizações políticas internacionais e não tardam a chegar ao conhecimento das "networks" e agências noticiosas. O trabalho dos correspondentes começa, por conseguinte, quase concomitantemente à deflagração das hostilidades.

Desencadeado o conflito, os procedimentos iniciais para a cobertura jornalística dizem respeito à instalação de escritórios regionais ou bases de apoio técnico na área conflagrada; afinal, correspondente que se preza não pode ficar limitado a apenas um "corredor" para escoar as notícias. É essencial que disponha de outros "canais", incluindo-se pessoas amigas (evidentemente, descomprometidas com a atividade jornalística) que possam operar como "correios alternativos".

Passaremos, agora, às variáveis temáticas. Os tópicos abaixo enunciados refletem, em síntese, o conteúdo acrescido das aulas que ministramos nos últimos doze anos em instituições de ensino superior públicas e privadas, bem como - circunstancialmente - no Programa de Aperfeiçoamento em Comunicação Social (para oficiais) do Centro de Estudos de Pessoal do Exército (CEP).

No limiar do Terceiro Milênio, as guerras constituem fenômenos, infelizmente, constantes. Elas assustam e fascinam, principalmente devido à mobilidade e recursos técnicos cada vez maiores das redes de televisão, que enviam, a todo momento, imagens detalhadas sobre os combates, a utilização massiva de armamentos "high tech" e os dramas coletivos das populações das cidades e vilas devastadas.

Além disso, notadamente na mídia impressa, não faltam relatos pormenorizados sobre ações audaciosas dos comandos e outras forças especiais. Na Segunda Guerra Mundial, por exemplo, o nome de Otto Skorzeny era imediatamente associado a operações fulminantes e bem-sucedidas, como o resgate do ditador fascista Benito Mussolini, que estava preso por ordem do rei Victor Emanuele em um modesto cômodo do hotel de montanha do Gran Sasso.

Seguindo essa mesma lógica noticiosa, vale ressaltar o que foi escrito sobre o sacrifício dos aviadores britânicos durante os "raids" da Luftwaffe no céu de Londres, em 1940; a resistência e obstinação do povo soviético no cerco (900 dias) de Leningrado; a luta desigual entre o exército norte-vietnamita e o aparato das Forças Combinadas do Vietnam do Sul e Estados Unidos da América, epopéias que formam um mosaico doloroso e emocionante.

Os correspondentes de guerra representam, assim, numa visão simplista, o papel de historiadores e testemunhas desses confrontos. Se não, vejamos: no Brasil de hoje, são tênues as recordações sobre a Campanha da Itália. À mobilização dos Pracinhas e ao envio de 25 mil soldados e oficiais à Europa (a partir de julho de 1944, quando a Segunda Guerra Mundial aproximava-se do fim) correspondeu experiência de campo certamente duríssima a alguns jornalistas, entre os quais Joel Silveira, Rubem Braga e Tássilo Mitke.

Às novas gerações - depois da longa provação (1939-1945) que, em seguida, levou à bipolaridade entre os Estados Unidos e a União Soviética - restaram as imagens gravadas do interminável número de cruzes e covas rasas, as seqüelas das feridas não cicatrizadas e os descompassos na vida política de muitas nações.

Na América Latina, pelo menos aparentemente, o temor de um conflito de intensidade máxima esgotou-se na luta pelas "Falklands", em que a Argentina pagou elevado preço em número de vidas e recursos econômicos por conta da impetuosidade do Presidente da República, General de Exército Leopoldo Fortunato Galtieri, ao decidir (com o apoio dos demais integrantes da Junta Militar que governava o país) tomar de assalto aquelas ilhas remotas do Atlântico Sul, território ultramarino da Grã-Bretanha.

Assim, no momento, as ameaças à paz ficam por conta dos grupos guerrilheiros em operação nos países vizinhos e na fronteira Norte do Brasil (onde acontecem choques eventuais com pelotões da Infantaria de Selva do Exército).

Formação

Um correspondente de guerra deve ser, preferencialmente, experimentado, talentoso e "voluntário", já que não se pode exigir do jornalista que relegue, sem hesitação, família, amigos e outras vantagens em troca do desconforto, do cotidiano de horrores e risco de morte permanente.

A praxe é o convite formulado ao repórter pela Direção de Jornalismo da empresa, no sentido de que seja enviado à região do conflito e produza (escreva, grave, filme) informações detalhadas sobre as hostilidades. Quantitativamente, são poucas as corporações noticiosas internacionais que assumem a responsabilidade (no plano material) pelo que possa ocorrer ao correspondente. A maioria prefere utilizar os serviços de "free-lancers".

Essa estratégia, apesar de comum, é bastante covarde. Contratos por vezes lastreados em cifras consideráveis escondem cláusulas mesquinhas, como a não-obrigatoriedade de pagar seguro de vida ou hospitalar, cessão de direitos sobre textos e fotografias, etc.

Além da escolha feita pela empresa, para que possa trabalhar na região conflagrada, é fundamental que esteja credenciado junto ao

Governo local e - concomitantemente - seja autorizado pelo Alto-Comando Militar.

A credencial lhe permite (com relativa liberdade) andar pelas ruas e freqüentar locais controlados pelas tropas após o "toque de recolher"; caso interceptado por patrulhas de segurança, durante missão na retaguarda. A não apresentação desse documento pode resultar em prisão e até acusação de espionagem em favor do "inimigo".

Agora, vejamos: a manutenção de um escritório operacional próximo ao QG (ou Posto de Comando Regional/Setorial) facilita o trabalho operacional, mas esse birô será inútil se o jornalista não dispuser dos equipamentos necessários para transmissão dos despachos. Reparem que, apenas em situações especiais, admite-se a utilização dos recursos técnicos de outras agências noticiosas.

Junto ao QG

Na primeira parte da nossa exposição, explicamos que os jornalistas mobilizados para cobrir uma guerra têm que manter abertos canais permanentes com os oficiais de ligação. A habilidade para garantir a manutenção dessas fontes varia de pessoa para pessoa, e é necessário observar que, na prática, até que a confiança seja recíproca, as informações costumam ser "vazadas" em "doses homeopáticas".

Mesmo quando a interação se dá em patamares razoáveis, existem situações em que o sigilo é determinante até os primeiros resultados das operações. "Dicas" transmitidas excepcionalmente a um repórter significam compromissos de honra: se acontecer o rompimento desse pacto, existem várias maneiras de "queimar" o profissional de imprensa.

Uma delas é acusar o jornalista de espionagem, ou classificá-lo como simpatizante do inimigo, fato que aconteceu durante o Conflito no Golfo com o experiente Peter Arnett.

Correspondente da rede de televisão norte-americana CNN, Arnett informou (via satélite) que uma fábrica de leite em pó, transformada em abrigo antiaéreo para mulheres e crianças, fora pesadamente atingida pelos bombardeios aliados. Foi o suficiente para despertar contra ele o rancor do Comando das Forças Combinadas e críticas sucessivas ao trabalho que desenvolvia, sozinho, na Capital iraquiana.

Imaginem, seguindo este mesmo raciocínio, o que significaria divulgar, com dois ou três dias de antecedência, o planejamento de incursão de pára-quedistas em área ocupada pela guerrilha...

Em recompensa por esse "agreement" não escrito, costumam ser facilitados contatos junto aos comandantes e soldados engajados em missões arriscadas, principalmente para que sejam comentadas a eficácia da estratégia empregada, o trabalho dos serviços de monitoração (satélites, aerofotogrametria, etc) e a precisão das seções de espionagem militar.

Será sempre importante documentar o impacto provocado nos combatentes após um ataque de envergadura - mesmo que os resultados finais não sejam favoráveis. Isso permite que a Opinião Pública compreenda melhor os esforços dispendidos e mensure se o envolvimento de tropas estrangeiras no conflito deve ser revisto.

Foi este o exemplo tirado da iniciativa norte-americana no Sudeste Asiático. A intensidade dos combates e as pesadas perdas em homens e equipamentos, num território hostil, forçaram os congressistas a uma decisão política, no sentido da retirada global.

No amplo leque informativo que uma guerra oferece, é importante assinalar as relações entre o Alto Comando e as lideranças.civis das regiões; se as forças militares (em se tratando de área de ocupação) são bem recebidas pelos habitantes.

Daí a atenção extensiva aos não-beligerantes, principalmente mulher, velhos e crianças; o respeito aos costumes locais e às regras de urbanidade são igualmente fundamentais, do contrário, atrairão para si o ódio popular.

A imprensa precisa ficar atenta às manifestações dos habitantes (espontâneas ou induzidas), e repercuti-las. Na Segunda Guerra Mundial, quando entraram na Ucrânia, os exércitos alemães foram tratados como "libertadores" do jugo soviético; toda essa euforia acabou diluída por causa dos massacres praticados pelos "Einsatzgruppen".

Correto - e oportuno - no trato das relações entre militares e civis será enfatizar a ação dos batalhões de engenharia de construção (reparo de pontes, estradas, prédios e abrigos públicos); equipes médicas; encarregados da distribuição de "tickets" de combustível, agasalho e alimentação; dos controladores de portos, ferrovias, aeroportos e também dos bombeiros.

Censura Militar

Reportar o cotidiano de um conflito entre nações exige, acima de tudo, paciência. Principalmente no que diz respeito à Censura Militar, o grande óbice para o trabalho jornalístico. Algumas táticas costumam ser utilizadas para burlar o controle e "atravessar" informações aos editores distantes centenas (ou milhares) de quilômetros das frentes de combate.

O principal é fazer com que esses relatos e imagens sejam levados incontinenti ao conhecimento da Opinião Pública. Mostrar o que se passa na zona de combate, denunciar atrocidades e (com seu testemunho) contribuir para o fim das hostilidades são os principais fundamentos pedagógicos do trabalho dos correspondentes.

Daí, a importância da articulação - entre o jornalista e seu editor - de um sistema de códigos que lhes permitam burlar o trabalho dos censores e, acima de tudo, preservar as fontes. É sempre oportuno recordar, como simples referência, um dos versos de Paul Verlaine à vespera do "Dia D", na Normandia. Faltando pouco para o desembarque das tropas aliadas, a "BBC" transmitiu mensagem captada pela

Resistência (em território francês), que impulsionou centenas de operações de sabotagem que "infernizaram" o Alto Comando Alemão. O trecho irradiado assinalava: "O som plangente dos violinos de outono..."

Documentos

Documentos políticos proporcionam aos repórteres excelente material, permitindo que a Opinião Pública mensure rapidamente as iniciativas dos governantes. Acrescente-se a isto o fato de que certas diretrizes são decisivas na evolução das hostilidades. Exemplo hoje tornado clássico é a "Ordem sobre os comissários", firmada em 12 de maio de 1941 e preparatória à "Operação Barbarossa". O espírito draconiano desse texto foi utilizado depois em Nuremberg, no libelo contra o Estado-Maior alemão.

Ressalta a diretriz:

"1. Os militantes e dirigentes políticos (comissários) devem ser exterminados.
2. Se forem apanhados pelo Exército, qualquer oficial dotado do direito de punição deve decidir da execução do indivíduo em questão. Para tomar tal decisão, basta que o dito indivíduo tenha sido um funcionário político.
3. Os comissários políticos não são reconhecidos como prisioneiros de guerra e são passíveis de pena de morte nos próprios acampamentos de trânsito o mais tardar. Jamais transportá-los para a retaguarda."

Outra ordem, assinada pelo Marechal de Campo Wilhelm Keitel em 20 de julho de 1942 (e anexada aos autos do julgamento dos Grandes Criminosos de Guerra, volume XXXIX, páginas 48-49), relativa aos combatentes soviéticos capturados, determinava:

"1. Deve-se marcar, com ferro em brasa, um sinal especial indelével nos prisioneiros de guerra soviéticos.
2. O sinal deve ser um ângulo agudo de 45 graus, mais ou menos, e com os lados medindo um centímetro, apontando para baixo, na nádega esquerda e à distância de uma mão aproximadamente do reto."

Tais dispositivos ferem os princípios elementares do respeito humano. Testemunhas oculares do conflito, os jornalistas devem fazer o possível para obter cópias dessas ordens e descrever episódios que, de exceções, transformam-se em normas.

Mais um caso, desta vez de omissão. Walter Laqueur, historiador britânico, informa em "O terrível segredo", que, desde 1942, eram conhecidas as instruções emanadas do Quartel-General de Adolf Hitler, relativamente à deportação e extermínio de judeus e outras minorias nos territórios ocupados no Leste; e acrescenta que, à margem desse drama, muitos jornais deixaram de publicar notícias sobre as matanças.

O "Catholic Times" (de Londres), na edição de 24 de dezembro daquele ano, destacou: "Não é segredo que a recente onda de propaganda sobre as atrocidades alemãs contra judeus foi inspirada pelos russos."

Laqueur acentua que, naqueles territórios, muita gente sabia que algo tenebroso estava acontecendo. Entretanto, qualquer referência a tais barbaridades provocava uma reação tipo "cortina de fumaça" junto à Opinião Pública. Com efeito, em circunstâncias normais, seria difícil acreditar que um povo civilizado como o alemão se prestaria a esse tipo de desvio.

De qualquer forma, pouco tempo depois, os jornalistas documentaram - na vanguarda das tropas aliadas - a libertação de alguns desses campos de morte (Buchenwald, Dachau, Auschwitz-Birkenau), publicaram fotografias reveladoras da insanidade nazista e transcreveram relatos de prisioneiros sobre os suplícios ali praticados.

Precisão Informativa

A imprensa tem o dever de relatar, com precisão, tudo que se passa no "front" de operações, em especial o que diz respeito aos combates e poder de fogo das forças mobilizadas. Existem, no entanto, variáveis quanto à liberdade concedida aos repórteres; dependendo da situação, podem surgir restrições.

Se assim for (como aconteceu durante a luta pelas "Falklands", em que os repórteres permaneceram a bordo dos porta-aviões e navios transportes de tropas britânicos, e/ou alojados nas cidades litorâneas do Sul da Argentina), não há outra alternativa senão aceitar (com reservas) os dados transmitidos pela Central de Informações Militar e procurar complementá-los junto a outras fontes: pilotos que participaram dos ataques, oficiais de ligação e prisioneiros.

A cobertura livre oferece visão abrangente sobre o setor em apreço e permite a abordagem de assuntos complexos, como operações antiguerrilha, ações de bombardeio ou de infantaria contra unidades "inimigas" agindo na retaguarda.

Tópico sempre atraente aos olhos do leitor diz respeito à atuação das Forças Especiais. Como se sabe, são profissionais treinados nas técnicas de morte rápida e silenciosa; ágeis e primordiais nas operações preparatórias ao emprego das unidades de cavalaria mecanizada ou de infantaria de assalto.

Não existem muitos registros de incursões do gênero documentadas pelos jornalistas, e as missões dessas forças são efetuadas por destacamentos reduzidos, dotados de instruções específicas e devastadoras. Entendem os especialistas militares que a presença de civis acrescentaria uma série de riscos: dificultaria a mobilidade durante o retraimento às bases de origem (ou submarinos/helicópteros de resgate); contribuiria - se capturados - para consolidar informações sobre o "inimigo"; revelaria segredos operacionais que lastreiam a mística dessas equipes.

Imaginem documentar uma operação das companhias de Reconhecimento Anfíbio ou Terrestre (Reconanf e Reconter), do Corpo de

Fuzileiros Navais, ou dos comandos adestrados no Centro de Instrução de Guerra na Selva (Cigs), do Exército.

Não falamos, é claro, de simulações autorizadas para efeito de propaganda nas mídias, mas de situações de fato - como a verificada às margens do Rio Traíra após ataque de guerrilheiros do F.A.R.C. colombiano a um pelotão de fronteira. A resposta do Exército Brasileiro foi rápida e fulminante: poucos dias depois, durante "operação de varredura" que se estendeu por quilômetros no interior da floresta, uma coluna dos atacantes foi surpreendida ao atravessar aquele rio e dizimada com o fogo de armas automáticas.

Verdade Total

Os repórteres não podem pré-julgar, ainda que - eventualmente - as primeiras informações indiquem o contrário. Tudo deve ser criteriosamente checado. Como se sabe, a prática de horrores costuma ser minimizada pela máquina de propaganda dos Estados beligerantes.

Massacres aconteceram no Camboja, Laos e Vietnam; em alguns Estados Nacionais da África (sobretudo nas décadas de 60 e 70); mais recentemente, no Iraque - devido à violência das tropas de Saddam Hussein contra os curdos, e, em contrapartida, pela ação de bombardeios aliados sobre as colunas de refugiados civis e dos militares derrotados em pleno deserto.

Ressaltamos, como conseqüência dessas situações extremadas, que além dos cuidados para "quebrar" o monolito dos censores, é indispensável o compromisso ético que norteia a profissão de jornalista. O fato de caminhar entre cenários de devastação e observar situações patéticas não significa esquecer o primado da razão. Não pode, por conseguinte, "misturar estações" e confundir-se com os integrantes das forças combatentes; sequer participar de interrogatórios e outros procedimentos cruéis. De outro lado, a omissão constitui falta grave. Tudo aquilo que ouviu ou testemunhou deve ser transmitido sem demora, a menos que - naquele exato momento - corra algum tipo de risco. Neste caso, a prudência recomenda que memorize a cena e (se possível) grave os nomes dos participantes, para divulgar posteriormente o que houve.

O desleixo profissional é outro fator que contribui para a perda de credibilidade (o que pode levar à rescisão do contrato, em se tratando de "free-lancer"). Informações truncadas, mal apuradas ou incompletas sugerem descompromisso com a verdade, fato que geralmente desagrada o Comando de Operações e, obviamente, os próprios editores.

Em contrapartida, o repórter será cada vez mais respeitado se, graças à qualidade das fontes ou capacidade de interpretação, publicar análises precisas e/ou esclarecedoras sobre os fatos. Salvo exceções (e existem narrativas que confirmam isso), os jornalistas transformam-se em "Pitonisas" para os generais.

A sobriedade ao comentar falhas de planejamento de uma incursão em região montanhosa (mostrando a avaliação subestimada da capacidade de resistência do "inimigo") ou uma reflexão profunda sobre o descompasso entre os efeitos proclamados de um bombardeio e os resultados práticos ajuda a consolidar a reputação do jornalista.

É preciso acentuar, em complemento, que muitas notícias não nascem da especulação pura e simples do repórter: originam-se de conversas com oficiais superiores, integrantes das "forças de apoio" ou (hipótese altamente perigosa, devido às suas implicações) simpatizantes da "oposição".

Existem, a propósito, duas observações a fazer: se as estimativas estiverem corretas e as forças do Governo forem derrotadas, terá valorizado o seu conceito; se o exército local for abalado por uma "Vitória de Pirro", poderá ser até classificado como "persona non grata".

A única ressalva nesse exercício hipotético é quando as resultantes da referida operação (se negativas) forem provenientes de tática diversional, prevista e aceita como inevitável pelo comando (exemplo: o sacrifício de uma companhia de fuzileiros em troca de um corredor de penetração no "front").

Cuidados Especiais

Neste ponto, suplementamos informações sobre os cuidados que os jornalistas devem tomar quando acompanham operações próximas à zona de contato. Modernamente, não há mais o que os analistas militares denominavam "front estático"; existem, sim, inúmeras áreas onde acontecem as escaramuças.

Esses trechos são protegidos por pequenos grupos de combate monitorados à distância e cobertos pela aviação de caça, baterias de mísseis, minas do tipo "claymore" e outros dispositivos letais.

Assim, qualquer pessoa que (inadvertidamente ou não) penetrar nos cinturões de defesa fica sujeita a ser presa ou até abatida. Aos repórteres, portanto, será conveniente manter relativa distância da zona de fogo; a tarja que o identifica como profissional de imprensa, geralmente presa numa das mangas da "field jacket" ou no capacete, não o isenta dos disparos efetuados por franco-atiradores e das granadas.

Nunca é demais enfatizar que, atualmente, as armas portáteis têm alcance ainda maior e os coletes de "Kevlar" e outros materiais (destinados a conter o impacto de projéteis de médio calibre) não constituem proteção suficiente.

Mesmo na retaguarda existem perigos. Como nesta área ficam os centros de remuniciamento, depósitos da intendência e de combustível, as possibilidades de um ataque de pára-quedistas ou comandos são reais.

Daí, a preocupação que o jornalista deve levar em conta, mesmo nos períodos de "calma aparente". As normas de segurança não podem ser desprezadas, até porque são originárias de ampla experimentação.

O que se vê nas produções hollywoodianas nem sempre é o retrato da violência. Isso de o "inimigo" esperar pela passagem do último carro blindado ou da retaguarda de uma patrulha é pura ficção. O melhor alvo é sempre o mais próximo, aquele em que se vê o "branco dos olhos".

Jornalista não é pago para morrer, mas para documentar os fatos e transmiti-los ao seu jornal ou emissora de rádio/TV. Proteger-se é - no mínimo - obrigação profissional.

Rotina de Morte

As incursões militares costumam ser jornalisticamente enfatizadas sob o prisma numérico: brigadas, divisões e exércitos empregados em operações de conquista ou ações defensivas. A imprensa também costuma destacar o aparato da propaganda (geralmente enganosa) dos governos, quanto aos resultados obtidos e decisões estratégicas que mudam a vida dos habitantes dos países e regiões afetados. Mas isso não basta.

Certos episódios aparentemente menores devem ser consignados. Reparem, volvendo no tempo, o horror estampado no rosto da jovem mãe vietnamita, seqüestrada e estuprada por nove fuzileiros norte-americanos na noite de 23 de setembro de 1966, na aldeia de Xuan Ngoc. Os criminosos assassinaram seu marido, dois filhos e uma irmã, deixando-a como morta. No entanto, recuperada dos ferimentos, reconheceu os culpados, seis dos quais foram condenados a penas severas.

Além disso, como se sabe, a "rotina" dos combatentes nas primeiras linhas é entremeada por escaramuças e missões de patrulha. As agruras desses homens no jogo de violência não podem ser desprezadas.

O que utilizam como agasalhos, as armas de que dispõem, a alimentação e as soluções improvisadas, para que resistam ao frio e ao calor exasperante, são perguntas que devem ser respondidas.

No plano militar, existem outros assuntos interessantes, como as manobras para escapar ao fogo inimigo, às minas antipessoais e armadilhas do tipo "Panjii"; os critérios para a distribuição de agasalhos e rações de campanha; os "privilégios" que acontecem nas situações emergentes, como "licenças especiais" concedidas na véspera de um ataque, transferências para unidades na retaguarda e outros favores. Questões assim devem sempre ser assinaladas.

A Maior da História

A Segunda Guerra Mundial é paradigmática. Não há paralelos na História para o que aconteceu na Europa, Norte da África, parte do Continente Asiático e no Teatro de Operações do Pacífico, entre setembro de 1939 e agosto de 1945.

Nos quase seis anos de confronto, aproximadamente 45 milhões de pessoas foram mortas e outras tantas sofreram os horrores da fome, lares destruídos e terras devastadas. Combates aconteceram em praticamente todos os oceanos e mares. Mesmo no solo protegido e distante da América, ações defensivas foram articuladas para impedir a ameaça representada pelas Forças do Eixo.

Deste leque interminável de histórias, escolhemos dois instantes por sua natureza capazes de mostrar o que representou aquele conflito para a imprensa e a opinião pública.

A imagem perpetuada pela fotografia é cruel. Apresenta um homem moreno, rosto liso e olhar penetrante fixado na direção da câmera. Veste traje escuro sobre camisa branca e está sentado à borda de uma vala, as mãos segurando um agasalho grosso, talvez um sobretudo. A seus pés, distante pouco mais de um metro, jazem os corpos grotescamente amontoados de um número não determinado de pessoas.

Trata-se, presumivelmente, de um integrante dos movimentos subterrâneos de resistência, ou cidadão pertencente às minorias raciais arrebanhadas como gado no Leste Europeu durante as primeiras investidas de Wehrmacht. Às suas costas, de pé, a túnica do uniforme descuidadamente aberta e o tronco ligeiramente inclinado devido ao discreto aclive, está um soldado alemão.

A cabeça do militar encontra-se coberta por um quepe; usa óculos de aros metálicos e seu rosto é sério, implacável. A boca do atirador é fina como uma lâmina; sua mão esquerda empunha uma pequena pistola apontada na direção da nuca do homem desconhecido. Ao fundo, ligeiramente desfocados, jovens soldados assistem à cena. Não há qualquer indicativo do local ou registro sobre as personagens em primeiro plano.

É uma imagem do horror, certamente produzida por um companheiro de armas do atirador, já que os jornalistas não recebiam autorização para cobrir operações deste tipo. Fotografias como esta, uma vez publicadas, representam provas irrefutáveis dos massacres de civis, complicam a situação dos oficiais comandantes e desmascaram as farsas geralmente montadas pela máquina de propaganda dos Estados.

Segundo exemplo: Madrugada de 10 de maio de 1940. Da base Aérea de Colônia (Renânia do Norte - Westfalia), decolam bombardeios Junkers-52 rebocando planadores. Pouco depois, em território belga, 78 homens vestindo uniformes camuflados e sob o comando do tenente Rudolf Witzig descem dos aparelhos silenciosamente pousados à meia distância das casamatas da Fortaleza de Eben Emael. A operação é rápida: granadas de fragmentação caem pelas torres, tubos de lança-chamas despejam sua carga mortífera nos respiradouros e rajadas de metralhadora cortam os focos de resistência. Às margens do Canal Alberto, Ebem Emael representava o principal obstáculo à investida alemã no Oeste.

Ensaiada a partir da utilização de maquete preparada pelo Serviço Secreto Militar, a incursao proporcionou a abertura de um "corredor" para as divisões blindadas do Marechal de Campo Gerd Von Rundsted, rumo ao "coração da França".

A tomada da Fortaleza - considerada inexpugnável até então - foi amplamente divulgada nos jornais e emissoras de rádio da Alemanha e alimentou a convicção de que nada impediria a vitória da Wehrmacht em território europeu.

Imprensa é Notícia

Não somente os generais e as lideranças civis e eclesiásticas devem aparecer nas páginas dos jornais ou nos boletins de rádio ou televisão. Em tempo de guerra (e até por uma questão de justiça) o trabalho da imprensa deve ser mostrado como exemplo de esforço e responsabilidade. Vale mesmo dizer que, em certas situações, o jornalista pode ser tão importante quanto um comandante de tropas.

Ernest Hemingway, por exemplo, integrou uma geração de repórteres que passou à História; na atualidade, o mais conhecido dentre os correspondentes de guerra (notabilizado pela cobertura jornalística no Vietnam e durante o confronto no Golfo Pérsico) é o neozelandês Peter Arnett. Compreensivelmente, devido à natureza do trabalho, a iniciativa de contato cabe geralmente aos jornalistas; mas essa interação pode ter origem na empatia pessoal e aí qualquer pessoa pode "abrir" o diálogo.

Acostumado a suportar pressões, a coordenar operações ofensivas e de retraimento arriscadas, um oficial superior não encontrará dificuldades em confiar neste ou naquele jornalista, pela serenidade ou espírito desapaixonado.

O texto abaixo, "A última vez que vi Ernie Pyle", foi escrito pelo General Omar Bradley e incluído nas suas memórias (intituladas "Diário de um soldado"); é o melhor exemplo do que enunciamos há pouco:

"Numa brilhante manhã de setembro, estava sentado em meu reboque, nas proximidades de Chartres, confrontando informações referentes às quantidades de abastecimentos relacionadas com a distância que ainda faltava percorrer até o Reno. Nesse momento, uma figura encurvada, vestindo um uniforme desbotado, bateu suavemente na porta. Trazia um capacete na mão dependurado pela jugular. Um débil sorriso apareceu em seu rosto fatigado. Tratava-se do jornalista Ernie Pyle, nosso constante companheiro desde os dias da Silícia.

- Ernie - chamei - entre! É verdade que volta para os Estados Unidos?

Jogou seu capacete sobre o sofá de couro, assentiu com um movimento de cabeça e insinuou um sorriso forçado.

- Acabo de chegar de Paris, Brad, para me despedir.

- Regressará?

Ernie sacudiu a cabeça, encolhendo os ombros dentro do blusão de tanquista que vestia.

- Vá por um tempo, afaste-se disso. Já teve uma boa dose...
- Talvez demasiado - disse ele.

Durante uma recém-enfermidade, Ernie se tinha isolado muito, examinando minuciosamente as listas de perdas, tendo ficado tremendamente oprimido pela relação de baixas nas quais a cada dia tinha que somar mais uma. Pior ainda, chegou a dizer que, para ele, "tudo tinha terminado".

A tragédia o oprimiu até deixá-lo exausto.

- Um par de meses de descanso - disse-lhe - e retornará para o nosso lado na Frente.

Ernie tentou sorrir, mas não pôde.

- Conforme me disseram, nesse lapso de tempo a guerra já terá terminado.
- Talvez - admiti - mas se o inimigo resistir como em Brest, quem poderá dizer o tempo que vai demorar? Este é o momento em que os alemães deviam abandonar a luta, mas todos os indícios mostram o contrário. Se não se convencerem no Reno, teremos que desfazê-los em pedacinhos antes de se darem por vencidos.

Pyle me olhou surpreso.

- Lá na outra parte da frente a gente vê as coisas cor de rosa, especialmente no Primeiro Exército - dei de ombros.
- Talvez seja pelo fato de que, no momento, tudo pareça mais fácil.

Ernie voltou para almoçar em Paris; esta foi a última vez que o vi.

Durante um jantar, uma noite em Wiesbaden, somente seis dias depois de tomarmos contato com os russos, recebi um cabograma emitido por Hugh Bailie, da United Press. Ernie Pyle tinha sido morto numa ilha perto de Okinawa pelo fogo das metralhadoras japonesas. Os soldados americanos perderam seu melhor amigo na guerra.

Salvando Vidas

O que acontece nos hospitais de campanha é interessante e merece registro. Instalados geralmente à meia distância, entre as primeiras linhas e os postos de comando setoriais, destinam-se a prover atendimento de emergência aos feridos e vítimas do "stress"; os mais graves dentre os primeiros são removidos para unidades de saúde melhor equipadas na retaguarda, ou (se for o caso) transportados para o país ou cidade de origem.

Existem muitos assuntos para que o correspondente produza ótimo material informativo. Primeiramente, deve retratar a eficiência no atendimento: se há médicos e enfermeiros em número suficiente; se os hospitais estão a salvo do fogo "inimigo"; se existem ambulâncias e helicópteros para transportar os que tombaram.

A perspicácia do repórter influenciará, seguramente, o impacto do noticiário. Um soldado ferido poderá detalhar o acerto das ordens recebidas, atuação das unidades engajadas e estabelecer comparações com as demais escaramuças em que tomou parte. Tudo isto sem esquecer as observações relativas ao poder de fogo do "inimigo", armas e equipamentos utilizados e o apoio (ou falta de) da artilharia/aviação para assegurar a conquista ou defesa daquela posição.

É admissível que um hospital comum seja - por força das circunstâncias - transformado em centro de emergência para queimados ou vítimas de gases tóxicos. Este é mais um referencial para o noticiário de guerra. Em tais casos, os repórteres devem assinalar a surpresa e o pânico das pessoas pelo fato de terem sido expostas a substâncias venenosas proibidas por convenções internacionais.

Todos sabem que, nos tempos de guerra, os cientistas desdobram-se para produzir armamentos cada vez mais letais, ao mesmo instante em que são descobertos poderosos medicamentos de ação ultra-rápida, como analgésicos e antibióticos. A apresentação dessas inovações cabe nos blocos de noticiário. Nesta hipótese, a cobertura jornalística é efetuada pelas equipes de apoio nos países onde acontece o conflito, ou em outros Estados Nacionais.

Tais inovações científicas contribuem, a médio prazo, para reduzir o nível de apreensão entre os combatentes, uma vez que a todo instante podem ser surpreendidos pelo bombardeio de armas químicas, ou acometidos de doenças provocadas pela ingestão de água ou alimentos intencionalmente contaminados.

Tomemos o exemplo de uma operação militar em área de florestas tropicais. Soldados e oficiais sentir-se-ão mais seguros se as contramedidas terapêuticas para o caso de picadas de insetos peçonhentos e transmissores de doenças incapacitadoras estiverem à mão. Vale acrescentar que, na luta antiguerrilha, armadilhas do tipo "Panjii" representam ameaças constantes: o mais leve arranhão num objeto impregnado de curare ou outra substância pode ser letal, daí o efeito tranqüilizador que esses medicamentos exercem sobre a tropa.

Tópico interessante diz respeito ao esforço dos maqueiros e enfermeiros de campo; através deles, os repórteres podem obter informações sobre as escaramuças e as dificuldades para a remoção dos que tombaram.

Curzio Malaparte, em "O Volga nasce na Europa" (coletânea de crônicas de guerra), assinala que, durante a primeira fase da Operação Barbarossa, as tropas de vanguarda alemãs ficaram impressionadas com a pequena quantidade de feridos (e de cadáveres) encontrados. Em seguida, veio a explicação: os soviéticos, determinados a resistir até o fim e preocupados em impedir que tanto as SS como a Wehrmacht dispusessem de maiores informações sobre as tropas engajadas, faziam o impossível para levar consigo os companheiros, suas armas e tudo aquilo que pudesse servir ou orientar o "inimigo".

Nesse eixo da cobertura jornalística será preciso mostrar os dramas dos que - em nome da solidariedade internacional ou em defesa do seu país - acabam feridos ou mutilados. Indispensável assinalar o estoicismo dos que não voltarão a andar ou enxergar, e a fase difícil - nem sempre bem-sucedida - da recuperação para a vida civil.

Enviado especial da "Revista Realidade" ao Vietnam, o repórter José Hamilton Ribeiro vivenciou situação terrível ao pisar numa pequena mina antipessoal de 80 milímetros, "plantada" pelos vietcongs na "Estrada em Alegria" (aproximadamente 10 quilômetros a Sudoeste de Quang Tri). Na ocasião, ele acompanhava o repórter fotográfico Keisaburo Shimamoto em uma "Operação de limpeza" empreendida pela Companhia Delta, 1a. Divisão de Cavalaria do Exército dos Estados Unidos.

Transportado de helicóptero para um hospital militar na cidade costeira de Qui Nhon (400 quilômetros ao norte de Saigon), foi submetido a rigoroso tratamento (que incluiu várias cirurgias) e, em seguida, levado aos Estados Unidos, onde recebeu - no Centro Militar de Reabilitação (Chicago) - uma prótese para a perna esquerda arrancada abaixo do joelho.

Ainda sob o trauma, José Hamilton redigiu um longo e emocionante depoimento publicado na edição de maio de 1968 de "Realidade" (páginas 26 a 42), sob o título "Eu estive na guerra". No texto, do qual extraímos alguns fragmentos, ele descreve o instante em que foi projetado à distância pela explosão; a triste condição dos feridos graves e a dedicação, zelo e competência dos cirurgiões e enfermeiros.

(...) Ouço uma explosão fantástica. É um "tuimmm" interminável que me atravessa os ouvidos de um para o outro lado; dá-me uma sensação de grandiosidade. Sinto-me no ar, voando, mas ainda assim com uma certa tranqüilidade para pensar.

(...) A guerra é um fato emocionante. Agora entendo que há gente que possa gostar de guerra.

(...) Foi aí que senti minha perna esquerda. Os músculos repuxavam para a coxa com tal intensidade que eu não me equili-brava sentado. Para não cair, rodopiava sobre mim mesmo, em círculos e aos saltos. Instintivamente levei as duas mãos para acalmar a minha perna esquerda, e foi então que a vi em pedaços.

(...) O trauma e as drogas que se seguiram à operação de ontem me fazem passar um dia meio embaçado, sem muita consciência. Este, entretanto, será o dia da desilusão: toda fantasia que alimentei durante a viagem de helicóptero sobre meu pé esquerdo desapareceu. A minha perna só vai alguns centímetros além do joelho.

(...) O dia primeiro ainda me reserva mais emoções. Aparece o médico William que, nos últimos dias, tem demonstrado simpatia comovedora; veste-me um pijama azul - até então eu estava sem roupa, coberto por lençóis - e me põe numa cadeira de rodas! É emocionante poder movimentar-me. Vou ver um a um nas suas camas, os feridos com quem troquei olhares e acenos esses dias todos.

Vale registrar, igualmente, no caso específico dos hospitais de campanha, a intensa atividade assinalada (datas geralmente marcadas com antecedência) quando das inspeções efetuadas por generais e destinadas a homenagear os feridos nos campos de batalha.

Apoio Psicológico

Em meio a tantos horrores, é natural que os combatentes façam jus à maior atenção possível nos planos psicológico e religioso. Contando apenas com a própria sorte, soldados e oficiais ressentem-se, freqüentemente, da falta de uma palavra de conforto. Nos exércitos modernos, a figura do Capelão militar é imprescindível.

Observamos, a propósito, que essa atenção deve ser extensiva aos inimigos capturados ou feridos. É conhecida a fotografia (tirada no dia seguinte ao desembarque dos aliados nas praias da Normandia), mostrando um soldado da Wehrmacht gravemente ferido e recebendo a extrema-unção de um sacerdote militar norte-americano. No fotograma, observa-se que os demais soldados, em torno da maca onde agoniza o ferido, respeitosamente, tiram os capacetes. É a prova de que a piedade não deve ter fronteiras, nem raças.

Para o jornalista recém-chegado ao "front" de operações, as primeiras preocupações costumam estar voltadas aos combates e suas conseqüências; todavia, no evoluir dos acontecimentos, não poderá esquecer as referências às cerimônias religiosas ou solenidades fúnebres, sobretudo quando se trata de autoridade civil ou líder militar.

Além dos sacerdotes, os psicólogos militares desenvolvem notável esforço para a preservação do equilíbrio entre aqueles que, a qualquer momento, podem ser feridos ou mortos. Os traumas provocados pela intensidade dos combates, a falta de sono - conseqüência natural da estafa - nem sempre são equacionados com o afastamento temporário deste ou daquele soldado. Por vezes, ficam seqüelas permanentes; na cruel rotina dos conflitos humanos, uma pessoal normal sente repugnância ao observar cadáveres insepultos, cidades bombardeadas; manifesta horror diante das crianças e mulheres brutalizadas, das famílias reduzidas à fome...

Mais do que necessária, portanto, a atuação desses especialistas, no sentido de permitir que as dúvidas e os anseios, os choques e sentimentos mais profundos sejam discutidos e, em seguida, comece o tratamento (que pode incluir transferência para outras unidades ou internação, com o aval dos psiquiatras).

Resistência

Não faz muito tempo - registram os jornais - o ex-Capitão da SS Erick Priebcke foi localizado em Bariloche (Argentina) e teve a sua extradição solicitada pelo Governo italiano, em virtude de (há cinqüenta anos) ter participado - sob as ordens do Chefe do SD em Roma, Tenente-Coronel Herbert Kappler - do "Massacre das Fossas Ardeatinas". A execução dos 335 prisioneiros italianos (atingidos por disparos na nuca) foi uma represália ao atentado que dizimou uma coluna da 11ª Companhia do 3º Batalhão Bozen SS, em marcha de rotina pela Via Rasella.

A História resgata, de quando em quando, fantasmas desse passado traumático e infelizmente próximo; os jornalistas não podem esquecer a atuação daqueles que, na luta para libertar seu povo da opressão estrangeira, sofreram e sofrem retaliações.

As iniciativas da Resistência correspondem, em essência, à legítima reação daqueles que ficaram privados da liberdade. São incontáveis os episódios de bravura e abnegação praticados por esses cidadãos anônimos que, precariamente armados e imbuídos de inesgotável força moral, sabotam ferrovias, embarcações e aeronaves do "inimigo", minando-lhe as forças e disseminando o conceito de guerra total e dos combatentes "sem rosto".

Heroísmo, por exemplo, dos guerrilheiros iugoslavos, praticamente invencíveis nas montanhas; dos afegãos implacáveis nas emboscadas contra as colunas soviéticas; dos voluntários do Exército do Povo nas selvas do Vietnam.

Dentro das possibilidades - e considerando eventuais riscos - será sempre oportuno entrevistar alguns desses líderes ou voluntários dos grupos de resistência. Em tais situações, recomenda a praxe que sejam preservadas a identidade das pessoas e localização das bases operacionais. Isso foi feito por ocasião da guerra civil na Nicarágua (com o "Comandante Zero"). E, recentemente, durante a rebelião desencadeada pelo Movimento Zapatista no México.

Como Salvadores

Entre as massas combatentes - felizmente - poucos passam à História como assassinos. Existem aqueles que, longe disso, desdobram-se para consolidar a paz ou minimizar os sofrimentos das pessoas. Foi o caso do Conde sueco Folke Bernadotte, que, durante a Segunda Guerra Mundial, envidou esforços junto a Heinrich Himmler para libertar prisioneiros noruegueses, dinamarqueses e suecos dos campos de internamento controlados pela SS.

Outro exemplo interessante naquele conflito foi o do General da Wehrmacht Dietrich Von Choltitz (último Comandante Militar de Paris), que desobedeceu às ordens de Adolf Hitler para deixar aquela Capital em ruínas antes da entrada das Forças norte-americanas e francesas. Essa prática humanitária pôde ser estendida, como um todo, ao povo dinamarquês, que estabeleceu uma política de confrontação não violenta com as autoridades de ocupação alemãs e recusou-se a permitir que refugiados de outros países fossem deportados.

O mesmo se pode dizer das ações desenvolvidas pelo Vaticano, destinadas a esconder no interior das igrejas centenas de judeus e militantes políticos da oposição ao nazi-fascismo.

Atuações assim devem ser consignadas pela imprensa. Evidentemente, em algumas situações, é preciso conter a impetuosidade dos repórteres, para que nada comprometa a salvaguarda dos refugiados.

Assim aconteceu quando foram entabuladas negociações para a libertação de pilotos norte-americanos abatidos no Vietnam do Norte; e - há menos de dois anos - por acasião dos encontros "secretos" na Capital Norueguesa destinados a equacionar a Questão Palestina (que culminaram com a concessão do Prêmio Nobel da Paz aos israelenses Yitzhak Rabin e Shimon Peres e ao líder da OLP, Yasser Arafat.)

Horror e Prisão

Motivações ideológicas podem imprimir características diferenciadas às unidades combatentes, ainda que do memo lado no "front". Na Segunda Guerra Mundial, o Exército alemão comportou-se (em geral) com dignidade no que tange ao tratamento dispensado às populações civis; em contrapartida, na retaguarda da Wehermacht, nos territórios ocupados do Leste, unidades especiais da SS (em número de quatro e totalizando 12 mil homens e mulheres) efetuaram operações de extermínio que envergonharam os combatentes das divisões de elite da própria SS.

Também - durante o conflito no Vietnam - certas operações das Forças Especiais dos EUA, conjugadas com unidades sul-vietnamitas, resultavam em aldeias queimadas, plantações destruídas, mortos em profusão.

Os jornalistas não podem desprezar tais fatos, nem desdenhar a situação dos prisioneiros civis e militares abrigados nos campos de internamento ou de trânsito. Os exemplos de atrocidades citados nos parágrafos anteriores, infelizmente, não serão os últimos da "História da Barbárie Humana". Registre-se, a propósito, que dos quase 97 mil soldados e oficiais do 6º Exército (Von Paulus) capturados pelos soviéticos nos escombros fumegantes de Stalingrado, pouco mais de 5 mil regressaram à pátria após anos de fome, epidemias de tifo e outras provações; e ainda, que dos milhões de soldados e oficiais soviéticos que se renderam à Wehrmacht, poucas centenas de milhares voltaram à URSS.

Novamente citando o Sudeste Asiático, relembramos que as condições precaríssimas a que foram submetidos aviadores norte-americanos abatidos pela artilharia antiaérea norte-vietnamita, motivaram protestos por parte das organizações humanitárias internacionais. Fatos semelhantes aconteceram, não faz muito tempo, com os prisioneiros étnicos nos campos de concentração da Bósnia-Herzegovina.

Sempre que possível, os repórteres devem documentar o tratamento dispensado àqueles que depuseram as armas e/ou, por serem originários de outras etnias e religiões, são confinados (caso dos civis) longe do front de operações. É fundamental mostrar os cuidados dispensados a crianças e idosos: se recebem atendimento médico, podem freqüentar escola (improvisada) ou desenvolvem atividades recreativas.

Relativamente aos soldados e oficiais capturados, a abordagem principal deve ser sobre a localização desses campos; se os prisioneiros recebem correspondência e/ou medicamentos (intermediados pelas organizações beneméritas internacionais, como a Cruz Vermelha, Crescente Vermelho, etc); se as condições de alojamento, agasalho, alimentação e higiene são adequadas (convenções fixam critérios específicos sobre atividades laboriosas que não contribuam para o esforço de guerra do inimigo).

Será oportuno informar os leitores sobre a disciplina no interior desses campos: o que acontece aos transgressores (punições de todo gênero, incluindo pena de morte), as atribuições do oficial mais graduado entre os prisioneiros (geralmente escolhido para, com sua autoridade, ajudar na manutenção da ordem e servir como interlocutor entre o coletivo e a administração militar).

Atenção também deve ser dada ao serviço de prevenção e controle de epidemias (freqüentes nos espaços densamente ocupados) e outras providências para a transferência e a segurança dos prisioneiros. Observe-se igualmente que, nos exércitos modernos, é numeroso o contingente de mulheres. Uma vez capturadas, recebem o mesmo tipo de tratamento? Podem trabalhar? Em quê?

Como se sabe - e infelizmente! - comportamentos desviantes acontecem de parte a parte, mesmo nas áreas restritas, onde ficam prisioneiros importantes (generais, pessoal da Inteligência Militar, cientistas ou engenheiros projetistas de armamentos).

Assim, é indispensável apontar à Opinião Pública os nomes dos responsáveis pelas crueldades contra os prisioneiros (e, no extremo oposto, quem se destaca pela urbanidade). Observe-se, ainda, que o número elevado de mortes num determinado campo indica duas possibilidades: que as condições de higiene são precárias e os maus tratos comuns.

Curzio Malaparte, numa crônica intitulada "As Raparigas de Soroca" (cidade da antiga Bessarábia, próxima ao Rio Dniéster), registra um exemplo doloroso da estupidez humana: o destino cruel das prisioneiras judias, obrigadas a "trabalhar" no prostíbulo militar instalado junto aos muros da velha fortaleza ali existente, por determinação do General Von Schobert. Após vinte dias de "serviços gratuitos" prestados aos soldados e oficiais de patente inferior, aquelas moças eram transportadas a um local próximo e fuziladas. As "substituições" aconteciam rapidamente.

Para culminar, experiências médicas com prisioneiros, se comprovadas, devem ser denunciadas. Reparem que não estamos nos reportando somente ao que aconteceu na região ocupada pelos alemães ao Leste. A aplicação de injeções contendo substâncias euforizantes, depressivas ou destinadas a "quebrar" a resistência das pessoas, continua sendo estimulada.

Como Heróis

O Coronel Aviador Paul W. Tibbets, comandante do Enola Gay (Bombardeio B-29 que, às 8h15m17s de 6 de agosto de 1945, pulverizou Hiroshima com uma bomba atômica), voltou incólume da sua missão e recebeu homenagens do Governo e do povo norte-americanos. Sob este prisma, pode ser considerado um personagem importante para o término das hostilidades no Teatro de Operações do Pacífico. Mas - perguntamos - seria este o melhor exemplo do que se denomina "herói de guerra"?

A imprensa ufanista daquele país não hesitou em apontá-lo como tal. No entanto, para milhares de japoneses sobreviventes da nuvem radioativa que, pela primeira vez, mostrou à humanidade o risco da aniquilação, não passa de criminoso.

A questão é polêmica - vista pelo ângulo das nacionalidades - mas, neste caso, não há dúvidas de que a atuação de Tibbets, longe de corresponder a um ato heróico, significou apenas o cumprimento de uma terrível missão.

Em contrapartida, existem personagens aceitas como heróis pelos dois lados. Douglas Bader (britânico), Adolf Galland e Günther Prien (alemães) representam exemplos desse modelo universal.

* Bader, sem as duas pernas - amputadas durante acidente em 1932 - notabilizou-se na fase dos raids (1940) sobre Londres, pilotando um aparelho dotado de controles especialmente adaptados. Foi abatido em 9 de agosto daquele ano durante incursão na França, caiu prisioneiro e - nesta condição - recebeu tratamento digno (permitiram-lhe, inclusive, a utilização de próteses enviadas por intermédio da Cruz Vermelha, para que pudesse locomover-se). Libertado tempos depois pelas tropas aliadas, fez jus a homenagem especial: no Desfile Aéreo da Vitória (em 13 de setembro de 1945), entre 12 veteranos da Campanha da Inglaterra, liderou as esquadrilhas de caças que, pela última vez, simbolizavam a defesa do país.
* Adolf Galland - que abateu mais de 70 aviões durante o conflito - registra, por sua vez, uma história interessante. Ex-integrante da Legião Condor (que serviu como teste para a recém-criada Luftwaffe durante a Guerra Civil Espanhola), assumiu como General, em dezembro de 1941, o comando da Aviação de Caça (cargo que ocupou até janeiro de 1945, quando se desentendeu com seus superiores e voltou a pilotar, desta vez um Messerschmidt 262 de propulsão a jato); derrubado em combate pouco antes da rendição alemã, foi capturado e conduzido à Grã-Bretanha, onde mereceu atendimento cortês.
* Gunther Prien notabilizou-se por ter comandado o submarino responsável pelo torpedeamento do Royal Oak (24 oficiais e 809 marinheiros mortos) na super-protegida base britânica de Scapa Flow (nas Ilhas Orkney, mesma área do Atlântico Norte onde, ao término da Primeira Guerra Mundial, fora posta a pique a frota alemã).

• Ele foi o primeiro comandante de submersíveis da Kriesgmarine a atingir a marca das 100 mil toneladas de navios afundados e, por isso, recebeu as Folhas de Carvalho para a Cruz de Cavaleiro. Günther Prien morreu a 7 de março de 1941 com toda a tripulação do U-47 (atingido por cargas de profundidade durante uma operação no Atlântico), após ter mandado para as profundezas do mar 28 navios (totalizando 160 mil toneladas).

Embora, no cômputo dos submarinistas alemães, tenha sido superado pelo Comandante Otto Kretschmer (que afundou 44 navios mercantes e 1 destroyer, totalizando 266,6 mil toneladas), transformou-se numa "lenda-viva" para os companheiros, tanto que sua morte somente foi divulgada pela imprensa em maio daquele ano, num necrológio elaborado pessoalmente pelo Almirante Karl Doenitz (Comandante da Força de Submarinos).

Fonte: (A Segunda Guerra Mundial, Buenos Aires, Editorial Codex, 1965).

Como estes, outros exemplos podem ser assinalados durante um conflito, de modo a valorizar o noticiário e ajudar na construção desses ícones entre os combatentes. Os repórteres precisarão ressaltar a formação desses militares, salientar aspectos da vida individual, mostrar a importância das condecorações recebidas (Purple Heart, Victoria Cross, por exemplo) e as circunstâncias motivadoras. Indispensável, nesses casos, será informar como aquele soldado/oficial é visto pelos companheiros e entrevistá-lo sobre as suas pretensões ao término das hostilidades.

Vale registrar os cuidados destinados a evitar que o "inimigo" articule atentados especificamente dirigidos, objetivando arrefecer o ímpeto daquele combatente. Além disso, sempre existirão pessoas despreparadas e emocionalmente invejosas que tudo fazem para minimizar a participação daqueles considerados vitoriosos.

Sam Peckimpah exemplifica isso muito bem isso em "A Cruz de Ferro", produção cinematográfica anglo-alemã de 1977, estrelada por James Coburn (como o Sargento Steiner, uma personagem mitológica entre os soldados, por sua coragem e espírito de companheirismo); James Mazon (coronel comandante do batalhão incentivador de Steiner) e Maximillian Schel (representando um oficial despeitado que procura, de todas as maneiras, impedir o retorno às próprias linhas - após uma surtida atrás das posições soviéticas - do suboficial e seu grupo e, com isso, afugentar "o fantasma" que ele representava.

Esforço Global

Ênfase jornalística deve ser dada à produção de guerra, ou seja, ao planejamento destinado a fazer com que os países beligerantes absorvam o custo elevadíssimo de uma campanha prolongada (notadamente no que diz respeito à indústria e provisionamento de gêneros, agasalhos e construção de máquinas-ferramentas). Mais uma vez utilizando como modelo de análise a Segunda Guerra Mundial, observamos que somente a férrea e meticulosa organização permitiu que a Alemanha suportasse as perdas gigantescas em homens, matérias-primas e veículos de todos os tipos.

Planejamento, racionalidade e improvisação. Foram estes os fatores que permitiram que a Alemanha gastasse a totalidade dos seus recursos (sobretudo a partir do desastre de Stalingrado: 95 mil soldados e oficiais capturados - de um total de 200 mil originalmente cercados - 100 tanques, 1.800 canhões de grande alcance e 10 mil veículos apreendidos ou destruídos pelos soviéticos) na confrontação com inimigos dotados de quase inesgotável capacidade industrial.

Para que se possa ter uma pálida noção da meticulosa organização do Estado-Maior Geral, ao término do conflito - e com a metade do território alemão sob controle das forças soviéticas - a Wehrmacht ainda dispunha de 8 milhões de soldados, além de armamentos e gêneros estocados nos abrigos escavados na "Fortaleza dos Alpes" (que, segundo analistas militares, assegurariam a possibilidade de a luta se estender por um ano ou mais).

Além disso, nos estaleiros da Kriegsmarine (no Mar Báltico), as tropas soviéticas encontraram os cascos e grandes seções pré-montadas de 300 submarinos (alguns ultramodernos para a época, silenciosos e velozes), rapidamente rebocados e transportados para as bases navais da URSS, onde foram concluídos e formaram a "espinha dorsal" da armada de Stalin (a única após a "Partilha do Mundo" em Yalta, capaz de confrontar-se com a dos EUA).

Contatos bem posicionados nos ministérios e demais órgãos dos governos facilitam aos jornalistas essas informações sobre a produção, o que permite mostrar incremento ou debacle no esforço de guerra. Vejamos, em seguida, alguns dados estatísticos que consubstanciam a assertiva.

Na Alemanha, em 1943 (dados oficiais), foram produzidos 27 mil canhões, 20 mil tanques e 25 mil aviões; no ano seguinte, 40 mil canhões, 27 mil tanques e 38 mil aviões (considerável aumento). Em compensação, no que tange ao combustível para aviação, os indicativos demonstram drástica redução: em maio de 1944, 156 mil toneladas; em junho, 52 mil t; em setembro, 10 mil t e, em fevereiro de 1945, apenas 1 mil t (conseqüência dos "raids" contra as refinarias e a destruição de oleodutos e outras linhas de distribuição). Relativamente às matérias-primas, em outubro de 1944 - devido ao esgotamento das reservas - foi necessário adicionar sal aos explosivos (numa proporção de até 20 por cento), como registrou William L. Shirer em "Ascensão e Queda do Terceiro Reich".

Enquanto isso, nos Estados Unidos das América, entre 1942 e 1944 houve considerável aumento da produção. Já no primeiro ano do envolvimento daquele país no conflito (resultado direto do ataque japonês à base naval de Pearl Harbor, no Arquipélago do Havaí), foram construídos 24 mil tanques e 48 mil aviões (a maior parte enviados à URSS como ajuda militar); em 1943, o efetivo das Forças Armadas foi duplicado (atingindo 7 milhões de homens) e a produção de armas igualou-se à das três potências do Eixo somadas (Alemanha, Itália e Japão); em 1944, a capacidade industrial dos EUA para o esforço de guerra foi duplicada e esse patamar não poderia mais ser copiado pelos inimigos.

Acrescentem-se a isso os bombardeios praticamente ininterruptos sobre as cidades industriais da Alemanha, e o fato de que esta perdera três aliados: Finlândia (que sofrera duros reveses na tentativa de estabilizar o front na região da Carélia), Romênia (que abrigava as maiores refinarias da Europa) e Bulgária.

A mobilização da sociedade como um todo no esforço de guerra também deve ser mencionado nos jornais, principalmente no que diz respeito à utilização de mão-de-obra não convencional. Por exemplo, enquanto na Grã-Bretanha 2,25 milhões de mulheres trabalharam nas fábricas de munição, hospitais e na defesa territorial (sobretudo operando nas estações de radar, serviços de meteorologia, sinalização e de apoio administrativo), apenas 182 mil fizeram o mesmo na Alemanha (em contrapartida ao emprego de rapazes de 14/15 anos nas frentes de combate). Uma curiosidade: no Terceiro Reich, o número de empregadas domésticas manteve-se inalterado desde antes da guerra: 1,5 milhão.

Já na União Soviética, quase 10 milhões de mulheres participaram da luta: quer no árduo trabalho de cavar trincheiras e fossos antitanques, quer como combatentes nas primeiras linhas (dirigindo blindados e/ou atuando como franco-atiradoras - uma delas abateu mais de 600 soldados e oficiais da Wehrmacht - além de responsabilizarem-se pela guarda dos prisioneiros).

Recebemos a mensagem do Governo dos Estados Unidos, transmitida por intermédio do Governo suíço e colhida pela Rádio de Tóquio, e desejamos comunicar:

1º- Sua Majestade, o Imperador, emitiu uma ordem imperial às 4 horas, para que cessem imediatamente as hostilidades.

2º- Supõe-se que a referida ordem imperial chegará à linha de frente e terá efeito global após transcorridos os seguintes períodos de tempo:

A) Nas zonas metropolitanas japonesas, 48 horas; B) Na China, Mandchúria, Coréia e regiões meridionais - com exceção de Bougainville, Nova Guiné e Filipinas, no caso dos diversos quartéis-generais locais, 12 dias; C) Torna-se difícil precisar dentro de quanto tempo será a ordem recebida (se o for) pelas primeiras linhas de combate.

(Resposta japonesa à ordem de capitulação encaminhada pelo general Douglas MacArthur).

Parte II

Próximo do Fim

Como todas as coisas na Terra, as grandes tragédias têm um fim; entretanto, nos dias de hoje, o colapso das nações em guerra nem sempre é pontilhado por demonstrações de generosidade e a população civil é sempre a maior sacrificada pela loucura dos governantes. Alguns desses líderes, com a covardia peculiar dos facínoras, preferem o caminho fácil do exílio nababesco, a exemplo do que aconteceu com Anastácio Somoza (Nicarágua), Id Amim Dada (Uganda) e Fulgêncio Batista (Cuba). Outros, mais ortodoxos, ficam nas suas fortalezas e bunkers até que a morte os encontre.

Os jornalistas não podem ater-se aos vencedores. Consignarão, com o mesmo zelo, a tenacidade dos vencidos, as provações enfrentadas nos últimos dias de combates e o alívio ao término das hostilidades (ainda que a História registre episódios de selvageria que ensombrecem as vitórias). Assim, um dos momentos mais importantes da cobertura é o anúncio da capitulação.

Será necessário detalhar as circunstâncias motivadoras (notadamente aquelas originárias de iniciativas externas, como as que levaram às Negociações de Paris, para o término da guerra do Vietnam, e - recentemente - as de Oslo, destinadas a garantir acordo de paz entre palestinos e israelenses), os primeiros entendimentos entre emissários das unidades avançadas e os casos de rendição determinados por comandantes setoriais à revelia do Estado-Maior Geral.

Esses momentos dramáticos devem ser transmitidos imediatamente, enriquecidos por fotografias e tapes mostrando as expressões de horror dos refugiados e a destruição nos campos e aldeias.

O caráter sensível das negociações (antes e após o cessar-fogo); a escolha dos que redigirão o documento final, e a indicação daqueles que - representando o inimigo derrotado - confirmarão para a História o resultado da contenda, constituem tópicos obrigatórios do noticiário.

Pode acontecer, por exemplo, que - pouco antes da assinatura do termo de capitulação - alguns signatários dentre os vencidos tome uma overdose de coragem e tente postergar ou anular determinada cláusula impositiva. Neste caso, os jornalistas resumirão as filigranas do problema e o modo cômo foi (ou poderá ser) contornado.

A íntegra do acordo, aspectos polêmicos e cláusulas aditivas (como as que coibiram o Japão - ao término da Segunda Guerra Mundial - a manutenção de dispositivos militares ofensivos e a pretensão a novas conquistas territoriais, ou as que, recentemente, impuseram ao Iraque zonas de exclusão aérea) devem ser divulgadas pelas diferentes mídias, bem como a data e o local previstos para a assinatura.

É indispensável repercutir o fim da luta junto às unidades de primeira linha, comunidades civis e prisioneiros nos campos de internamento.

Aplicação da Justiça

Da Chacina de Lídice (Tchecoslováquia, junho de 1942) como represália ao atentado contra Reinhard Heydrich à dizimação de tribos inteiras em Uganda (durante o Governo Idi Amim Dada); da deportação de 4 mil crianças, recolhidas originariamente no campo de concentração de Drancy (França) e levadas para Auschwitz-Birkenau, ao assassinato de mais de 1 milhão de cambojanos; da incineração nuclear de japoneses indefesos em Hiroshima e Nagasaki à loucura do bombardeio aliado sobre Dresdem (a "Cidade dos Brinquedos"), a história dos conflitos humanos está repleta de exemplos tenebrosos.

Exatamente por isso, quando acabam as matanças, são comuns as acusações aos vencidos pela prática de atos condenáveis. Extensas listas assinalam os nomes de participantes de ações brutais; relatórios fundamentados em testemunhos de prisioneiros reforçam os libelos, bem como as evidências encontradas nos porões da repressão.

Os tribunais militares modernamente instalados para provar a culpa daqueles direta ou indiretamente envolvidos com atrocidades nem sempre atingem os objetivos. Alguns constituem farsa bem montadas; outros mostram espetaculosidade e resultados pífios.

O julgamento de Adolf Eichmann (enforcado na madrugada de primeiro de junho de 1962), acusado de coordenar a deportação de milhões de seres humanos para os "moinhos da morte" construídos nos territórios ocupados durante a Segunda Guerra Mundial, representou mais um desses episódios estranhos, embora moralmente compreensíveis.

Ex-oficial (burocrata) da SS, lotado no Escritório Central para a Segurança do Reich (Reichsicherheitshauptamt), ele fora seqüestrado em 1960, em Buenos Aires - onde vivia desde julho de 1950, inicialmente com o nome de Ricardo Klement - por agentes do Serviço Secreto de Israel; ficou oito dias sob custódia dos captores numa casa alugada em um subúrbio daquela Capital e, em seguida, num avião da El Al (e sem opor qualquer tipo de resistência) viajou para cumprir o seu destino.

Sobre os trabalhos da Corte Distrital de Justiça (em Jerusalém), Annah Arendt elaborou minucioso estudo publicado na New Yorker - entre fevereiro e março de 1963 - e, mais tarde (com pequenos acréscimos), transformado no livro Eichmann em Jerusalém - Relato sobre a banalidade do mal.

Os repórteres que, em tempo de guerra, registraram esses episódios imprescritíveis contra a humanidade terão maior embasamento para documentar os julgamentos, ouvir acusados e testemunhar e assinalar o interesse demonstrado pela assistência.

Indispensáveis, nestas situações, serão os despachos informando sobre a escolha do local onde funcionará a Corte de Justiça (muitas vezes, como aconteceu em Nuremberg, existem razões histórico-políticas; como se sabe, naquela cidade da Baviera - no outono de 1935 - foram proclamadas as Leis Raciais que consubstanciaram o nazismo), critérios de segurança específicos (Eichmann, por exemplo, durante as sessões a que foi submetido, ficou numa jaula de vidro à prova de balas); a história pessoal dos acusados (e eventual co-relação com as testemunhas); perfil dos juízes, promotores e defensores (quem paga as despesas?); documentos e ordens pessoais emitidas ao tempo em que exerceram funções executivas, fotografias e filmes apresentados como provas.

Consignará, também, negativas de autoria e as confissões espontâneas; correções (no caso de erro da pessoa) e outras falhas na estratégia da acusação ou defesa; a interposição de recursos protelatórios, os debates antes e depois da leitura da setença e - no caso de condenações a penas mais severas - a apreciação dos pedidos de clemência.

Tomemos o exemplo de Rudolf Hess (secretário do Partido Nacional Socialista dos Trabalhadores Alemães, "braço direito" e possível sucessor de Adolf Hitler). Condenado a prisão perpétua pelo Tribunal Militar Internacional de Nuremberg (acusado de "conspiração" e de "crimes contra a paz"), terminou seus dias confinado no Presídio de Spandau (onde, por dez anos, também esteve o ex-ministro dos Armamentos do Terceiro Reich, Albert Speer). Hess foi preso após tentativa solitária de estabelecer um acordo em separado entre a Alemanha e a Grã-Bretanha, na Primavera de 1941.

Reconstrução

O saldo de uma guerra é sempre trágico: mortos, feridos aos milhares, mutilados, desaparecidos, órfãos, ruínas. A reconstrução política e administrativa dos Estados beligerantes é tarefa nem sempre bem-sucedida; algumas seqüelas estendem-se por gerações. Assim, os jornalistas devem mostrar o sacrifício do povo neste sentido, bem como a ajuda prestada pela comunidade internacional.

Recordemos o que aconteceu na Alemanha devastada de 1945. Com dedicação e paciência, milhões de pessoas engajaram-se nas frentes de trabalho e aproveitaram fragmentos de blocos de concreto, tijolos e pedaços de ferro dos edifícios e casas destruídas (cuidadosamente reduzidos a pó ou derretidos para reutilização); essa mesma atividade foi observada no Japão, China e outras nações - hoje superpotências.

Como se sabe, no leque de devastações exibido recentemene em tapes pelo Comando das Forças Combinas durante a Operação Tempestade no Deserto, escolas, hospitais, prédios públicos e templos, edifícios residenciais e comerciais viraram alvos "acidentais". Esta situação não pode ser esquecida pela imprensa.

Detalhes sobre as indenizações de guerra impostas pelos vencedores devem ser registrados nos despachos (subseqüentes à assinatura da capitulação); o total a ser pago e a forma (se em alimentos, minérios estratégicos, moeda forte, etc); prazo para quitação e impacto na enfraquecida economia do país.

A Alemanha paga, ainda hoje, certa quantia aos sobreviventes dos massacres nos campos de extermínio na Polônia: uma compensação simbólica às vítimas das atrocidades.

As perdas territoriais (sempre observadas) e modificações no mapa geopolítico também devem ser assinaladas. Eis alguns exemplos: a derrota dos EUA no Vietnam levou à unificação daquele país e, conseqüentemente, à ampliação da sua influência na região.

Nos dias de hoje, a vitória dos aliados sobre as tropas do presidente iraquiano (forçando-o a abandonar o Kuwait) não dobrou o apoio de boa parte do mundo árabe a Saddam Hussein e, por extensão, transformou a Síria no principal opositor militar de Israel.

Seguindo esta lógica, aos jornalistas caberá registrar o êxodo das centenas de milhares de seres humanos que, pressionados pela violência dos combates e ameaças de extermínio étnico, abandonam seus lares e o pouco que amealharam e mudam-se para regiões distantes, encontrando por vezes dificuldades ainda maiores.

Aos jornalistas compete, por fim, registrar a volta para casa daqueles que permaneceram confinados. As fisionomias patéticas dos sobreviventes do 6º Exército alemão, inicialmente caminhando pelas ruas de Moscou (rumo ao cativeiro) e - dez anos e muitas provações mais tarde - desembarcando dos trens em seu próprio país, constituem imagens impressionantes.

Bibliografia

ARENDT, ***Hannah. Eichmann em Jerusalém - Um Relato sobre a Banalidade do Mal***. São Paulo, Diagrama e Texto, 1983, 314p.

KNIGHTLEY, Philip. ***A Primeira Vítima***. Rio de Janeiro, Nova Fronteira, 1978, 562p.

KUSNETSOV, Anatoly. ***Babi lar***. Rio de Janeiro, Civilização Brasileira, 1969, 2ª Ed., 292p.

MALAPARTE, Curzio. ***O Volga Nasce na Europa***. Lisboa, Livros do Brasil, 1965, 287p. ***Kaputt.*** Lisboa, Livros do Brasil, 1965, 494p. ***A Pele***. Rio de Janeiro, Civilização Brasileira, 1985, 4ª Ed., 307p.

SHIRER, William L. ***Ascensão e Queda do Terceiro Reich***. Rio de Janeiro, Civilização Brasileira, 4 vols., 5ª Ed., 1967. ***O Colapso da Terceira República***. Rio de Janeiro, Record, 3 vols., 1970, 2ª Ed. ***O Diário de Berlim***. Rio de Janeiro, Record, 2 vols.

SMITH, BRADLEY F. ***O Tribunal de Nuremberg***. Rio de Janeiro, Francisco Alves, 363p.

SPEER, Albert. ***Inside the Third Reich***. New York, Avon Books, 1971. ***Spandau - The Secret Diaries.*** Glasgow, Fontana/Collins, 474p. ***A Segunda Guerra Mundial***. Buenos Aires, Editorial Codex, 1965, 12 vols. Lisboa, Livros do Brasil, 1965, 494p.

* Sobre o Autor

José Amaral Argollo é jornalista, bacharel em Direito e professor da Escola de Comunicação da UFRJ. É pós-graduado em Jornalismo e Ciência Política, mestre em Filosofia e doutorando em Comunicação e Cultura. Exerce várias funções na ECO, tendo também artigos, ensaios e livros publicados.